MW00946538

康郡中文學校
Contra Costa Chinese School

CHINESE 4
WORKBOOK

TRADITIONAL

作者 **王君琳** Chunling Wang
牛曉芳 Gloria Holbrook

名字：＿＿＿＿＿＿＿＿＿＿＿＿
Name

Contra Costa School School / 321 Golf Club Road, Pleasant Hill, CA 94523 / 925-8375888 / www.cococs.org / cccs1976@gmail.com

康郡中文學校 Contra Costa Chinese School

Chinese 4 Worktbook
Traditional

Author: 王君琳 Chunling Wang
        牛曉芳 Gloria Holbrook
Voice: 羅敏 Min Lo
Worksheets: ArchChinese.com
            The Far East Book Co.
Images: Microsoft Word
        Shutterstock.com
Editor: 蔡雅蘭 Yalan Tsai
        林松 Song Lin
Director: 陳賜文 John Chen

Contra Costa Chinese School
Diablo Valley College (DVC)
321 Golf Club Road
Pleasant Hill, California 94523

http://www.CoCoCs.org

Mailing Address:
Contra Costa Chinese School
P. O. Box 4598
Walnut Creek, CA 94596-0598

School Contact:
Principal: John Chen, PhD.
Tel: 925-837-5888
Email: cccs1976@gmail.com

Contra Costa Chinese School ("CCCS") recognizes that the growing educational needs of Mandarin Chinese language and Chinese culture arise out of the emerging Chinese role on world stages; that the school must meet the challenges of a multi-ethnic community; that each student is an individual with unique learning experiences and needs; and that together we will help each student build confidence in his or her Mandarin language skills. Being a multi-ethnic and entirely volunteer-run educational community, CCCS' parents, volunteers, administrators, teachers, students, and staff work together to create an academic, social, and safe environment where everyone can respect and learn from one another.

Our goal is to facilitate the development of our students' self-confidence in learning Mandarin, and to inspire each student to meet their academic challenges with openness, enthusiasm, and a willingness to solve learning problems. Within a caring, respectful, diverse multicultural environment, CCCS is dedicated to serve parents, students, teachers, and volunteers within an atmosphere of cooperation, with respect for community values and individual differences. CCCS is also committed to sustaining a school that meets the challenges of cultural diversity, individual learning needs, and new teaching methods and learning tools.

Copyright © 2018 by Contra Costa Chinese School

ALL RIGHTS RESERVED. No part of this work covered by the copyright herein may be reproduced, transmitted, stored or used in any form or by any means graphic, electronic, or mechanical, including but not limited to photocopying, recording, scanning, digitalizing, taping, Web distribution, information networks, or information storage and retrieval systems, without the prior written permission of the publisher.

Printed in USA
First Printing, August, 2018

Contra Costa Chinese School
321 Golf Club Road
Pleasant Hill, California 94523
http://www.CoCoCs.org

目錄 Table of Contents

室 W4_L1	樓 W4_L1	廁 W4_L1
旁 W4_L1	辦 W4_L1	體 W4_L1
育 W4_L1	餐 W4_L1	廳 W4_L1
男 W4_L1	知 W4_L1	道 W4_L1
教室 W4_L1	廁所 W4_L1	旁邊 W4_L1

Name:

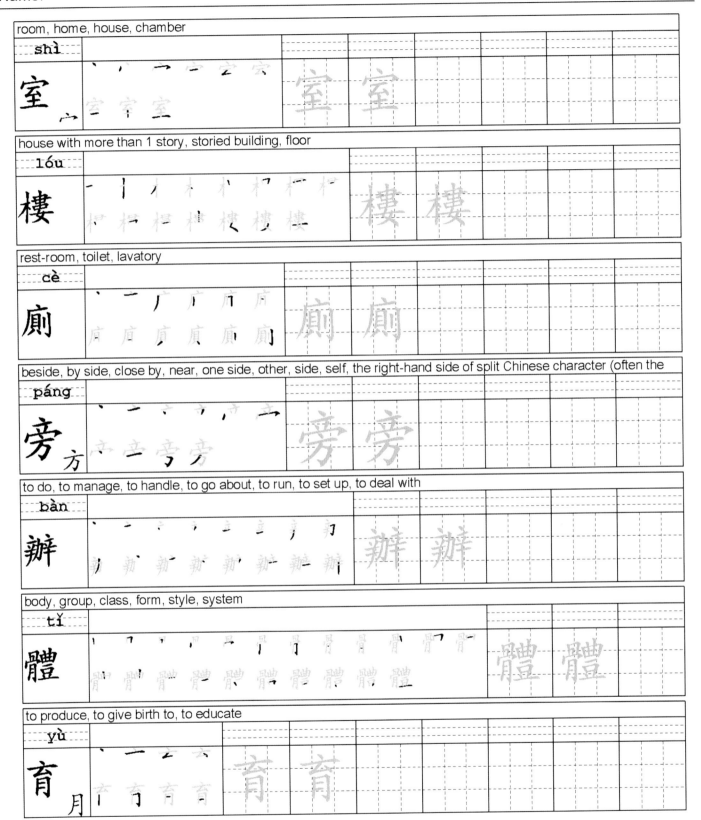

room, home, house, chamber							
shì							
室		室	室				

house with more than 1 story, storied building, floor							
lóu							
樓		樓	樓				

rest-room, toilet, lavatory							
cè							
廁		廁	廁				

beside, by side, close by, near, one side, other, side, self, the right-hand side of split Chinese character (often the							
páng							
旁		旁	旁				

to do, to manage, to handle, to go about, to run, to set up, to deal with							
bàn							
辦		辦	辦				

body, group, class, form, style, system							
tǐ							
體		體	體				

to produce, to give birth to, to educate							
yù							
育		育	育				

Name:

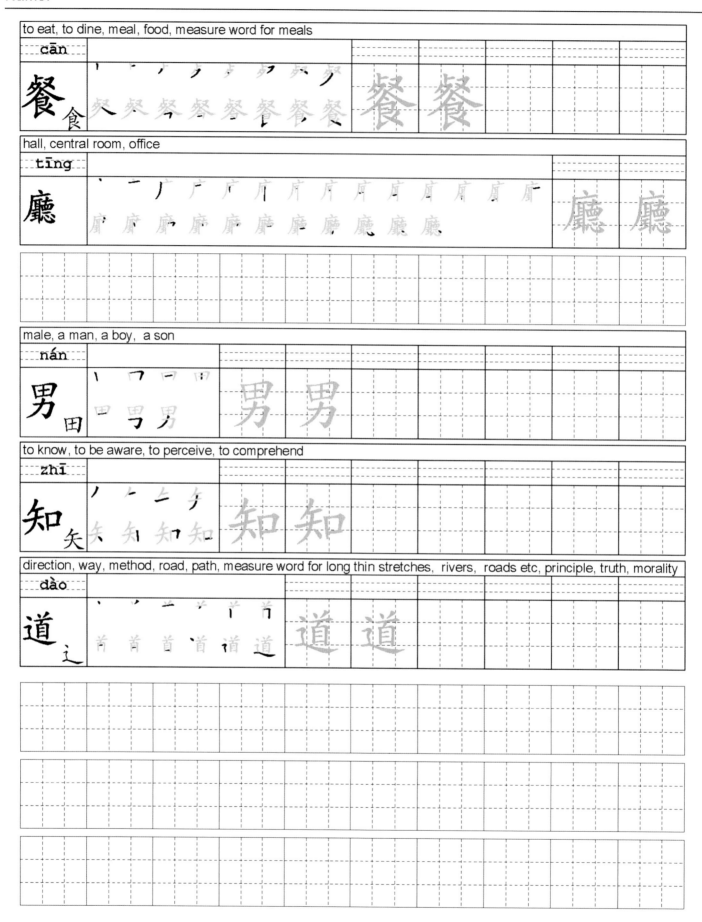

| to eat, to dine, meal, food, measure word for meals |
| cān |
| 餐 |

| hall, central room, office |
| tīng |
| 廳 |

| male, a man, a boy, a son |
| nán |
| 男 |

| to know, to be aware, to perceive, to comprehend |
| zhī |
| 知 |

| direction, way, method, road, path, measure word for long thin stretches, rivers, roads etc, principle, truth, morality |
| dào |
| 道 |

Name: _____

classroom						
jiào	shì					
教	室					

office						
bàn	gōng	shì				
辦	公	室				

restaurant, dining room; cafeteria						
cān	tīng					
餐	廳					

bathroom,restroom,toilet, lavatory						
cè	suǒ					
廁	所					

building,big building						
dà	lóu					
大	樓					

lateral,side,to the side,beside						
páng	biān					
旁	邊					

Name:

gymnasium

tǐ	yù	guǎn					
體	育	館					

to know,to be aware of,also pron. zhi1 dao5

zhī	dào						
知	道						

library

tú	shū	guǎn					
圖	書	館					

to go upstairs

shàng	lóu						
上	樓						

go downstairs

xià	lóu						
下	樓						

sports field,playground,exercise yard

yùn	dòng	chǎng					
運	動	場					

第一課 Lesson 1 我的學校

朗讀 chant

樓上樓下教室多，旁邊還有辦公室。
lóu shàng lóu xià jiào shì duō　　páng biān hái yǒu bàn gōng shì

餐廳廁所體育館，我都知道在哪裡。
cān tīng cè suǒ tǐ yù guǎn　　wǒ dōu zhī dào zài nǎ lǐ

生字生詞 Vocabulary

教室，辦公室，餐廳，廁所，大樓，體育館，
圖書館，運動場，知道/不知道，旁邊，上樓，
下樓，樓上，樓下

Quizlet Practice

https://quizlet.com/25746075/go400_lesson-1_traditional-flash-cards/

看一看，說一說

教室
jiāo shì

校長室
xiào cháng shì

辦公室
bàn gōng shì

餐廳
cān tīng

圖書館
tú shū guǎn

體育館
tǐ yù guǎn

運動場
yùn dòng chǎng

廁所
cè suǒ

句型文法與練習 Grammar Practice

上樓 go up stairs　VS.　下樓 go down stairs

<u>我上樓</u>去校長室。

＿＿＿＿上樓＿＿＿＿。（小明／去圖書館）

＿＿＿＿上樓＿＿＿＿。（哥哥／看電視）

<u>弟弟下樓</u>去找媽媽。

＿＿＿＿下樓＿＿＿＿。（爺爺／吃飯）

＿＿＿＿下樓＿＿＿＿。（他／去辦公室）

樓上 upstairs　VS.　樓下 downstairs

<u>男廁所在樓上</u>，<u>女廁所在樓下</u>。

＿＿＿＿樓上，＿＿＿＿樓下。（餐廳在，教室在）

<u>我樓上看書</u>，<u>妹妹樓下畫畫</u>。

＿＿＿＿樓上＿＿＿＿，＿＿＿＿樓下＿＿＿＿。

（媽媽／做事，弟弟／玩）

句型文法與練習 Grammar Practice

知道…… 嗎？

你知道<u>怎麼去體育館</u>嗎？

_____知道 _____嗎？（他／廁所在哪裡）

_____知道 _____嗎？（小天／哪裡有醫院）

_____知道 _____嗎？（你／這本書多少錢）

_____知道 _____嗎？（媽媽／誰喝了果汁）

旁邊

<u>辦公室在校長室</u>旁邊。

<u>媽媽坐在我的</u>旁邊。

_____旁邊。（我家／市場）

_____旁邊。（小明／坐／大關）

上/下/左/右/前/後

書在桌子上面。
桌子上面是書。

書包在桌子下面。
桌子下面是書包。

弟弟在媽媽的前面。
爸爸在媽媽的後面。
我有兩隻手，一隻左手，一隻右手。

對話練習 Conversation Practice

A: 請問你知道老師辦公室在哪裡嗎?
qǐng wèn nǐ zhī dào lǎo shī bàn gōng shì zài nǎ lǐ ma

B: 在體育館旁邊大樓的二樓。
zài tǐ yù guǎn páng biān dà lóu de èr lóu

A: 請問你知道圖書館在哪裡嗎?
qǐng wèn nǐ zhī dào tú shū guǎn zài nǎ lǐ ma

B: 我不知道。你可以去問老師。
wǒ bú zhī dào nǐ kě yǐ qù wèn lǎo shī

A: 好,謝謝。
hǎo xiè xiè

A: 你的教室在哪裡?
nǐ de jiào shì zài nǎ lǐ

B: 就在圖書館的樓下。
jiù zài tú shū guǎn de lóu xià

A: 請問你找誰?
qǐng wèn nǐ zhǎo shéi

B: 我找王老師,你知道她的教室在哪裡嗎?
wǒ zhǎo wáng lǎo shī nǐ zhī dào tā de jiào shì zài nǎ lǐ ma

A: 你知道從公園到學校要怎麼走嗎?
nǐ zhī dào cóng gōng yuán dào xué xiào yào zěn mo zǒu ma

B: 往前走,就在圖書館的旁邊。
wǎng qián zǒu jiù zài tú shū guǎn de páng biān

第一課 Lesson 1 我的學校

1. 寫拼音 Write pin-yin

Example: 圖書館 → tú shū guǎn

- 教室 _____
- 餐廳 _____
- 廁所 _____
- 大樓 _____
- 旁邊 _____
- 運動場 _____

- 知道 _____
- 樓上 _____
- 樓下 _____
- 校長室 _____
- 辦公室 _____
- 體育館 _____

2. 連連看 Match the correct English meanings

圖書館 *   * classroom

教室   *   * library

校長室 *   * stadium

運動場 *   * gym

體育館 *   * principal's office

知道 *   * go upstairs

上樓 *   * to know

旁邊*   * restroom

廁所 *   * dining room

餐廳 *   * next to

3. 畫畫看 Draw your school map and label 教室、餐廳、廁所、圖書館、老師辦公室、校長室、體育館和運動場。

4. 讀讀看 Read the sentences below and record them in Google voice, Dial 925-289-8007. Say your name first, and then record the sentences.

A: 你知道辦公室在哪裡嗎?
ni zhī dào bàn gōng shì zài nǎ li ma

B: 就在右邊的大樓裡。
jiù zài yòu biān de dà lóu li

A: 你知道在幾樓嗎?
ni zhī dào zài jǐ lóu ma

B: 辦公室就在二樓。
bàn gōng shì jiù zài èr lóu

5. 找一找 Circle 10 phrases and write down the words

體	育	館	大	下
早	餐	廳	上	樓
廁	所	辦	旁	邊
學	教	公	知	道
校	長	室	哪	裡

餐廳				

6·讀讀看，動手做 Make a school map by reading the directions

Step 1: Write down Chinese characters or pinyin under each picture.
On next page
Step 2: Cut out each picture.
Step 3: Follow the directions below and glue or tape each room in a correct place on "the School Map" page.

1. 圖書館在教室 B 的右邊　(right side)
   tú shū guǎn zài jiào shì　de yòu biān

2. 老師辦公室在圖書館樓下
   lǎo shī bàn gōng shì zài tú shū guǎn lóu xià

3. 體育館在一樓的最右邊
   tǐ yù guǎn zài yī lóu de zuì yòu biān

4. 老師辦公室的右邊是廁所
   lǎo shī bàn gōng shì de yòu biān shì cè suǒ

5. 教室 A 在廁所的樓上
   jiào shì　zài cè suǒ de lóu shàng

6. 校長辦公室在二樓，教室 A 的右邊
   xiào cháng bàn gōng shì zài èr lóu　jiào shì　de yòu biān

7. 餐廳在體育館的左邊　(left side)
   cān tīng zài tǐ yù guǎn de zuǒ biān

8. 王老師的教室在體育館的樓上
   wáng lǎo shī de jiào shì zài tǐ yù guǎn de lóu shàng

Library
_____

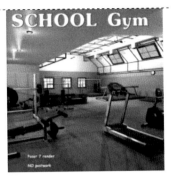

Gymnasium
_____

Classroom A
_____

Teacher's office
_____

Wang Lao Shi's classroom
_____

dining hall; restaurant
_____

Principal's Office
_____

Restroom
_____

The School Map

二樓

教室 B

一樓

7. **填填看** Fill in the blanks with 辦公室、餐廳、圖書館、運動場

- 吃過早飯，外公外婆到＿＿＿＿＿＿散步。

- 中午我在學校＿＿＿＿＿吃午飯。

- 放學了，爸爸帶我去＿＿＿＿＿＿借（borrow）書寫作業。

- 爸爸媽媽從早上到下午都在＿＿＿＿＿＿工作。

8. **填填看** Fill in the blanks with 上、下

- 廁所在二樓，從一樓的教室去廁所得＿＿＿＿＿樓。

- 這次比賽輸了沒關係，＿＿＿＿＿次要更努力。

- ＿＿＿＿＿課了，我要回家了。

- 我家只有一樓，沒有樓＿＿＿＿＿。

- 體育館到了，要看球賽的人請＿＿＿＿＿車。

- ＿＿＿＿＿個星期要考試，你都看完書了嗎？。

9. **聽力** Choose the correct answer

聽力一

(   ) A. 學校   B. 學習   C. 學生   D. 作業

(   ) A. 樓上   B. 上樓   C. 樓下   D. 下樓

(   ) A. 左邊   B. 右邊   C. 旁邊   D. 下邊

(   ) A. 樓下   B. 地下   C. 下樓   D. 一樓

聽力二

(   ) A. 教室   B. 廁所   C. 所以   D. 餐廳

(   ) A. 教室   B. 教書   C. 廁所   D. 校長室

(   ) A. 辦公室   B. 教室   C. 校長室   D. 休息室

(   ) A. 客廳   B. 聽見   C. 教室   D. 餐廳

聽力三

(   ) A. 體育館   B. 圖書館   C. 運動場   D. 辦公室

(   ) A. 體育館   B. 圖書館   C. 運動場   D. 辦公室

(   ) A. 體育館   B. 圖書館   C. 運動場   D. 辦公室

(   ) A. 體育館   B. 圖書館   C. 運動場   D. 辦公室

10. **讀讀看** Read the sentences below and record them in Google voice,
Dial 925-289-8007. Say your name first, and then record the sentences.

我的學校不大，可是有很多教室。一樓有圖書館和廁所，
wǒ de xué xiào bú dà　kě shì yǒu hěn duō jiào shì　yī lóu yǒu tú shū guǎn hé cè suǒ

二樓有老師辦公室和校長室。我喜歡在體育館跑步，也
èr lóu yǒu lǎo shì bàn gōng shì hé xiào cháng shì　wǒ xǐ huān zài tǐ yù guǎn pǎo bù　yě

喜歡在餐廳和同學一起吃午飯。
xǐ huān zài cān tīng hé tóng xué yì qǐ chī wǔ fàn

11. **選擇題** multiple choice

（　　　）這是我的Ⓐ學校　Ⓑ教書　Ⓒ廁所.

（　　　）上課了，我們要進 Ⓐ校長室　Ⓑ教室 Ⓒ廁所。

（　　　）學校裡的活動Ⓐ哪裡Ⓑ沒錯 Ⓒ什麼 Ⓓ什麼都　有趣。

（　　　）下雨天，我們在Ⓐ體育館Ⓑ運動場 Ⓒ樓上 上體育課。

（　　　）你Ⓐ知道Ⓑ什麼Ⓓ什麼都　辦公室怎麼去嗎？

（　　　）這家 Ⓐ學校Ⓑ教室Ⓒ餐廳Ⓓ家裡　的菜很好吃！

（　　　）我家 Ⓐ旁邊Ⓑ上邊 Ⓒ下樓 Ⓓ上樓　就是圖書館。

（　　　）哥哥在學校打架，校長要爸爸去Ⓐ老師辦公室Ⓑ校長室
Ⓒ教室 找他 。

12. **打字練習** Typing Practice

What is(are) your favorite place(s) in your school? When and what are you
doing there with who? Please type at least four sentences in Chinese.
Bring your typing homework to school or email to chunling37@hotmail.com

數	科	史
W4_L2	W4_L2	W4_L2
勞	認	識
W4_L2	W4_L2	W4_L2
容	易	始
W4_L2	W4_L2	W4_L2
錯	練	習
W4_L2	W4_L2	W4_L2
開始	不錯	沒錯
W4_L2	W4_L2	W4_L2

Name: _____

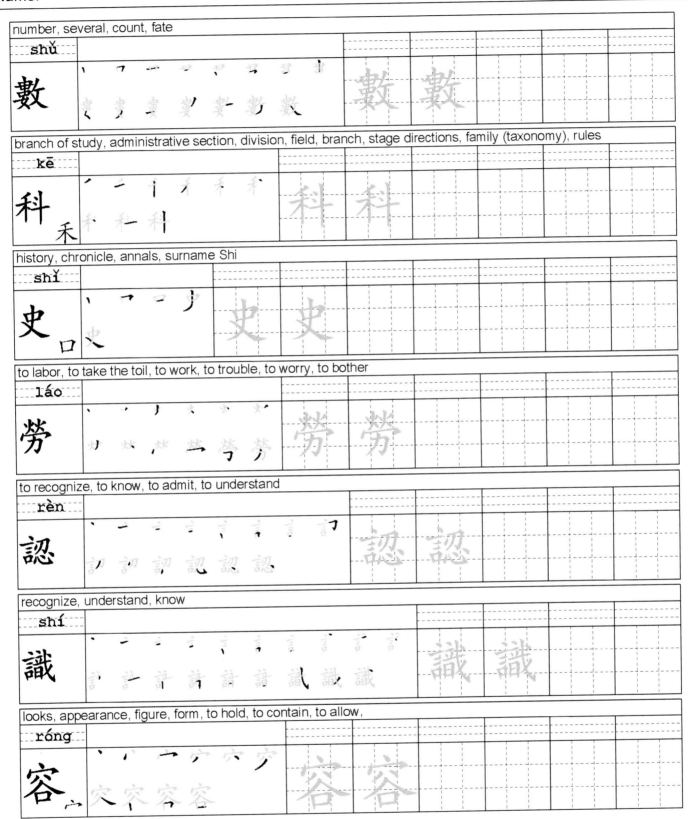

number, several, count, fate						
shǔ 數						

branch of study, administrative section, division, field, branch, stage directions, family (taxonomy), rules						
kē 科						

history, chronicle, annals, surname Shi						
shǐ 史						

to labor, to take the toil, to work, to trouble, to worry, to bother						
láo 勞						

to recognize, to know, to admit, to understand						
rèn 認						

recognize, understand, know						
shí 識						

looks, appearance, figure, form, to hold, to contain, to allow,						
róng 容						

Name:

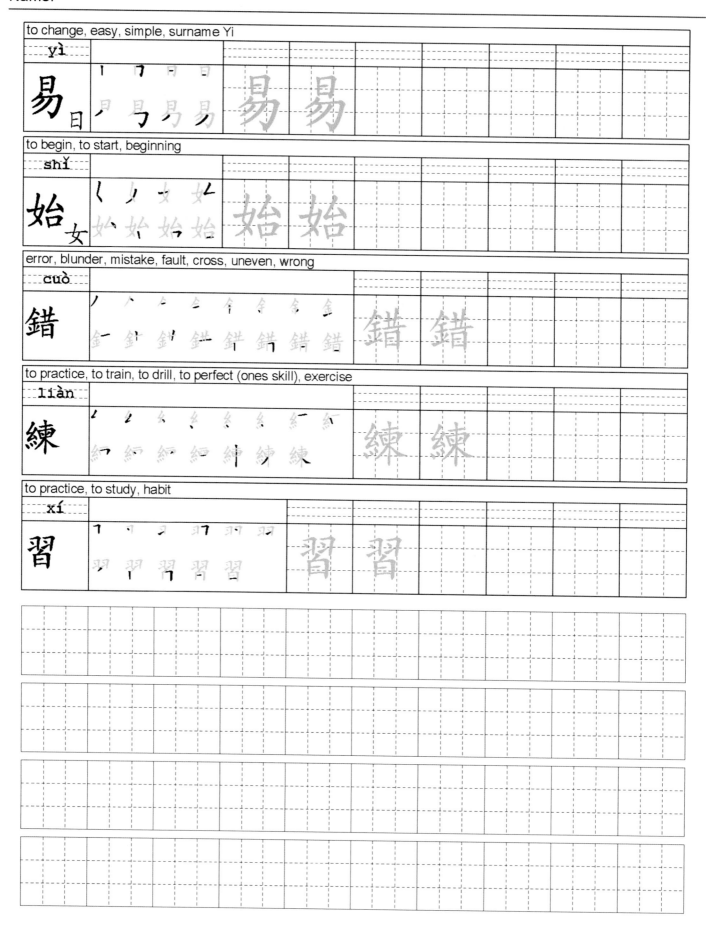

Name:

mathematics, mathematical						
shǔ	xué					
數	學					

science, scientific						
kē	xué					
科	學					

craft						
měi	láo					
美	勞					

history, past records						
lì	shǐ					
歷	史					

geography						
dì	lǐ					
地	理					

English (language)						
yīng	wén					
英	文					

Chinese, Chinese written language, Chinese writing						
zhōng	wén					
中	文					

Name:

to know,to recognize,to be familiar with,acquainted with something,knowledge,understanding,awareness,cognition							
rèn	shí						
認	識						

easy,likely,liable (to)							
róng	yì						
容	易						

begin, start							
kāi	shǐ						
開	始						

correct,right,not bad,pretty good							
bù	cuò						
不	錯						

interesting,fascinating,amusing							
yǒu	qù						
有	趣						

that's right,sure!,rest assured!,that's good,can't go wrong							
méi	cuò						
沒	錯						

incorrect character,typo (in Chinese text)							
cuò	zì						
錯	字						

朗讀 chant

英文數學每天有，科學史地和體育。
yīng wén shù xué měi tiān yǒu　kē xué shǐ dì hé tǐ yù

美勞音樂不容易，認真學習真有趣。
měi láo yīn yuè bú róng yì　rèn zhēn xué xí zhēn yǒu qù

生字生詞 Vocabulary

學科，數學，科學，歷史，地理，英文，中文，

美勞，體育，音樂，認識，容易，開始，有趣，

不錯，沒錯，錯字

Quizlet Practice

https://quizlet.com/25746247/go400_lesson2_traditional-flash-cards

看一看，說一說

學科
xué kē

體育
tǐ yù

科學
kē xué

中文
zhōng wén

歷史
lì shǐ

英文
yīng wén

音樂
yīn lè

數學
shù xué

地理
dì lǐ

美勞
měi láo

句型文法與練習 Grammar Practice

…什麼…都… any…all….

<u>學校有英文、數學和體育</u>，<u>我什麼課都喜歡</u>。

_____，_____什麼___都_____。

（黑鞋、白鞋和黃鞋/小明/鞋/喜歡）

_____，_____什麼___都_____。

（棒球、籃球和網球/姊姊/球/會打）

…什麼都… whatever

<u>媽媽的飯菜</u>，什麼都<u>好吃</u>。

_____，什麼都_____。（那家餐廳/好吃）

_____，什麼都_____。（學校的活動/有趣）

句型文法與練習 Grammar Practice

錯　wrong

你拿錯書包了。

_____錯_____。（他走/路）

_____錯_____。（我答/問題）

不錯　good

弟弟中文字寫得不錯。

_____不錯。（我的考試成績）

_____不錯。（姊姊中文說得）

沒錯　correct

哥哥這個字寫得沒錯。

_____沒錯。（這本書是你的）

_____沒錯。（聽媽媽的話）

對話練習 Conversation Practice

A: 你這學期選了幾個學科?
nǐ zhè xué qī xuǎn le jǐ ge xué kē

B: 我選了數學、英文、中文、科學，還有史地。
wǒ xuǎn le shù xué yīng wén zhōng wén kē xué hái yǒu shǐ dì

A: 你最喜歡什麼科?
nǐ zùi xǐ huān shé mo kē

B: 我什麼學科都喜歡。
wǒ shé mo xué kē dōu xǐ huān

A: 你覺得什麼科最容易?什麼科最難?
nǐ jué dé shé mo kē zùi róng yì shé mo kē zùi nán

B: 我覺得數學最容易，中文最難。
wǒ jué dé shù xué zùi róng yì zhōng wén zùi nán

中文字一開始容易寫，現在又多又難寫。
zhōng wén zì yī kāi shǐ róng yì xiě xiàn zài yòu duō yòu nán xiě

A: 多練習就不會忘。
duō liàn xí jiù bú hùi wàng

A: 你的中文說得不錯!
nǐ de zhōng wén shuō dé bú cuò

B: 謝謝!我每天都認真寫中文字，念中文書。
xiè xiè wǒ měi tiān dōu rèn zhēn xiě zhōng wén zì niàn zhōng wén shū

A:你認識王老師嗎?
ní rèn shì wáng lǎo shī ma

B: 我認識,她是我的中文老師。
wǒ rèn shì tā shì wǒ de zhōng wén lǎo shī

A: 我今天下午有科學課和中文課。你們要上什麼課?
wǒ jīn tiān xià wǔ yǒu kē xué kè hé zhōng wén kè ní men yào shàng shé mo kè

B: 我有數學課和體育課。
wǒ yǒu shù xué kè hé tǐ yù kè

C: 我有英文課和美勞課。
wǒ yǒu yīng wén kè hé měi láo kè

A: 大家的課都不一樣,要去不一樣的教室。
dà jiā de kè dōu bú yī yàng yào qù bú yī yàng de jiào shì

第二課 Lesson 2 學校學科

1. 寫拼音 Write pin-yin

Example: 學科 → xué kē

- 數學 _____
- 科學 _____
- 地理 _____
- 美勞 _____
- 練習 _____
- 認識 _____

- 英文 _____
- 歷史 _____
- 音樂 _____
- 開始 _____
- 容易 _____
- 不錯 _____

2. 連連看 Match the correct English meanings

體育 *　　　　* Math
數學 *　　　　* P.E.
科學 *　　　　* Art
美勞 *　　　　* English
英文 *　　　　* Science

認識 *　　　　* easy
練習 *　　　　* to know
容易 *　　　　* correct
沒錯 *　　　　* to practice
開始 *　　　　* to start

3. 寫一寫 write down what subjects you have for different days in a week.

	星期一	星期二	星期三	星期四	星期五	星期六
上午						
下午						

4. 讀讀看 Read the subjects below and record them in Google voice, Dial 925-289-8007. Say your name first, and then record the sentences.

中 文 zhōng wén	英 文 yīng wén	數 學 shù xué
Chinese	English	Math
科 學 kē xué	歷 史 lǐ shǐ	地 理 dì lǐ
Science	History	Geography
體 育 tǐ yù	美 勞 měi láo	音 樂 yīn yuè
Physical Education	Art	Music

5. 填填看 Fill in the blanks with the following words(

打錯、沒錯、答錯、不錯、寫錯字、走錯路

1）＿＿＿＿＿＿＿！這是我的書，謝謝你幫我找到了！

2）他的英文很＿＿＿＿＿＿，什麼字都會讀。

3）我的中文很好，作業很少＿＿＿＿＿＿＿。

4）這不是王老師的家，你＿＿＿＿＿＿電話了。

5）這次數學問題很難，大家都＿＿＿＿＿＿了。

6）弟弟＿＿＿＿＿＿＿了，所以找不到體育館。

6. 造句 Make a sentence

- 什麼都.....(whatever)

＿＿＿＿＿＿＿＿＿＿＿＿＿＿＿＿＿＿＿＿＿。

- 不錯(good)

＿＿＿＿＿＿＿＿＿＿＿＿＿＿＿＿＿＿＿＿＿。

- 練習(practice)

＿＿＿＿＿＿＿＿＿＿＿＿＿＿＿＿＿＿＿＿＿。

- 沒錯(correct)

＿＿＿＿＿＿＿＿＿＿＿＿＿＿＿＿＿＿＿＿＿。

7. 寫一寫 Fill in the blanks in Chinese below by using subjects listed below.

數學	中文	英文	歷史	地理	科學	音樂	美勞	體育

- 小明在體育館上 _____ 課。

- 星期三上午我有 _____ 課，做experiment。

- _____ 課，我們寫數字123。

- 星期六我在王老師教室上 _____ 課。

- _____ 課，我們寫ABC。

- _____ 課，我們唱歌跳舞。

- _____ 課，我們認識American Civil War。

- _____ 課，我們知道California在哪裡。

- _____ 課，我們做勞作(craft)。

8. 選擇題 multiple choice

(　　) 我們在Ⓐ教室　Ⓑ廁所　Ⓒ老師辦公室　上課。

(　　) Ⓐ英文　Ⓑ科學　Ⓒ數學　課，我們學 3*9=27。

(　　) 你喜歡哪一個Ⓐ學科Ⓑ科學　Ⓒ數學　Ⓓ英文 ？

(　　) 下雨天，我們在Ⓐ體育館Ⓑ運動場　Ⓒ樓上　上體育課。

(　　) 他的中文很Ⓐ沒錯Ⓑ不錯Ⓓ錯　知道很多中文字。

(　　) 你　Ⓐ認真Ⓑ知識Ⓒ容易Ⓓ認識　教史地的謝老師嗎？

(　　) 我喜歡上　Ⓐ音樂Ⓑ快樂　Ⓒ美勞課，可以用手做東西。

(　　) 學校裡的活動Ⓐ哪裡Ⓑ沒錯　Ⓒ什麼　Ⓓ什麼都　有趣。

(　　) 這次功課很Ⓐ容易Ⓑ難　Ⓒ不錯，我要很久才能寫完 。

(　　) 她常常Ⓐ認識Ⓑ練習　Ⓒ喜歡　中文，所以中文很不錯 。

(　　) 八點了，我最喜歡的電視節目要Ⓐ開心Ⓑ開始　Ⓒ開車了!

(　　) 下星期六要 mid-term　，我要Ⓐ認真　Ⓑ有趣　Ⓒ容易　Ⓓ

　　　還有　　　地讀書。

(　　)Ⓐ不對　Ⓑ對不對　Ⓒ沒錯 ！她就是我的老師。

9 聽力　Choose the correct answer

聽力一

(　　) A. 學校　　B. 科學　　C. 學科　　D. 學生

(　　) A. 數學　　B. 科學　　C. 美勞　　D. 英文

(　　) A. 歷史　　B. 開始　　C. 地理　　D. 體育

(　　) A. 中文　　B. 英文　　C. 新聞　　D. 外文

聽力二

(　　) A. 開學　　B. 開始　　C. 歷史　　　D. 練習

(　　) A. 練習　　B. 臉型　　C. 作息　　　D. 認識

(　　) A. 我是　　B. 認真.　　shù 忍識　　　D. 練習

(　　) A. 難　　　B. 不容易　C. 有用　　　D. 容易

聽力三

(　) A. 錯　　　B. 不錯　　C. 沒錯　　D. 答錯

(　) A. 不錯　　B. 沒錯　　C. 寫錯　　D. 答錯

(　) A. 不錯　　B. 沒錯　　C. 寫錯　　D. 答錯

(　) A. 不錯　　B. 沒錯　　C. 寫錯　　D. 答錯

10. 寫寫看讀讀看 answer the questions below and record them in Google voice, Dial 925-289-8007. Say your name first, and then record the sentences.

Q: 請問你最喜歡(like most)哪個學科?為什麼?

A: 我最喜歡＿＿＿＿＿＿＿＿＿＿＿＿＿。

因為 ＿＿＿＿＿＿＿＿＿＿＿＿＿。

Q: 請問你最不喜歡(dislike most)哪個學科?為什麼?

A: 我最不喜歡＿＿＿＿＿＿＿＿＿＿＿。

因為 ＿＿＿＿＿＿＿＿＿＿＿＿＿。

Q: 哪個學科最難(most difficult)?為什麼?

A: ＿＿＿＿最難,因為 ＿＿＿＿＿＿＿＿＿＿。

Q: 哪個學科最容易 (easiest)?為什麼?

A: ＿＿＿＿最容易,因為 ＿＿＿＿＿＿＿＿＿。

Q: 哪個學科最有用(useful)?為什麼?

A: ＿＿＿＿最有用,因為 ＿＿＿＿＿＿＿＿＿。

11. 報告練習 Presentation 1 Practice : My School and Subject

Please fill your answers in the blanks below and make a poster or PowerPoint file to make a presentation. Please add more pictures as possible. Bring your presentation files or poster to school or email to chunling37@hotmail.com

- 我的學校是 _____school name_____ ，有 ___places___ 。 (ex: 教室，圖書館)

- 我今年選了_____科，

  有_____。((ex: 數學，科學....)

- 我最喜歡 _____科，因為_____。

- 我最不喜歡_____科，因為 _____。

- _____科最容易，_____科最難，_____科最有用。

Example:

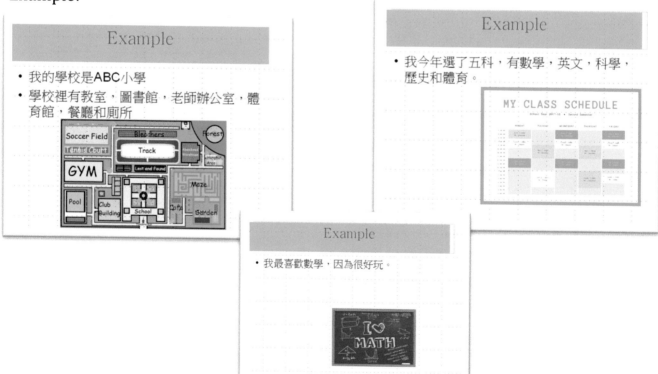

慶 W4_L3	祝 W4_L3	快 W4_L3
禮 W4_L3	物 W4_L3	希 W4_L3
望 W4_L3	更 W4_L3	身 W4_L3
健 W4_L3	康 W4_L3	幫 W4_L3
祝福 W4_L3	快樂 W4_L3	身體 W4_L3

Name:

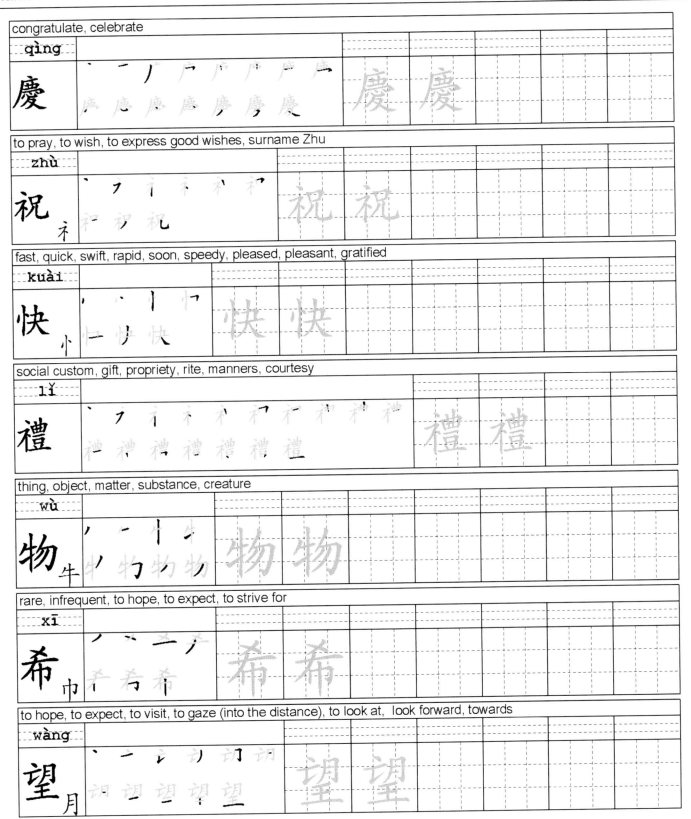

| congratulate, celebrate |
| qìng |
| 慶 |

| to pray, to wish, to express good wishes, surname Zhu |
| zhù |
| 祝 |

| fast, quick, swift, rapid, soon, speedy, pleased, pleasant, gratified |
| kuài |
| 快 |

| social custom, gift, propriety, rite, manners, courtesy |
| lǐ |
| 禮 |

| thing, object, matter, substance, creature |
| wù |
| 物 |

| rare, infrequent, to hope, to expect, to strive for |
| xī |
| 希 |

| to hope, to expect, to visit, to gaze (into the distance), to look at, look forward, towards |
| wàng |
| 望 |

Name:

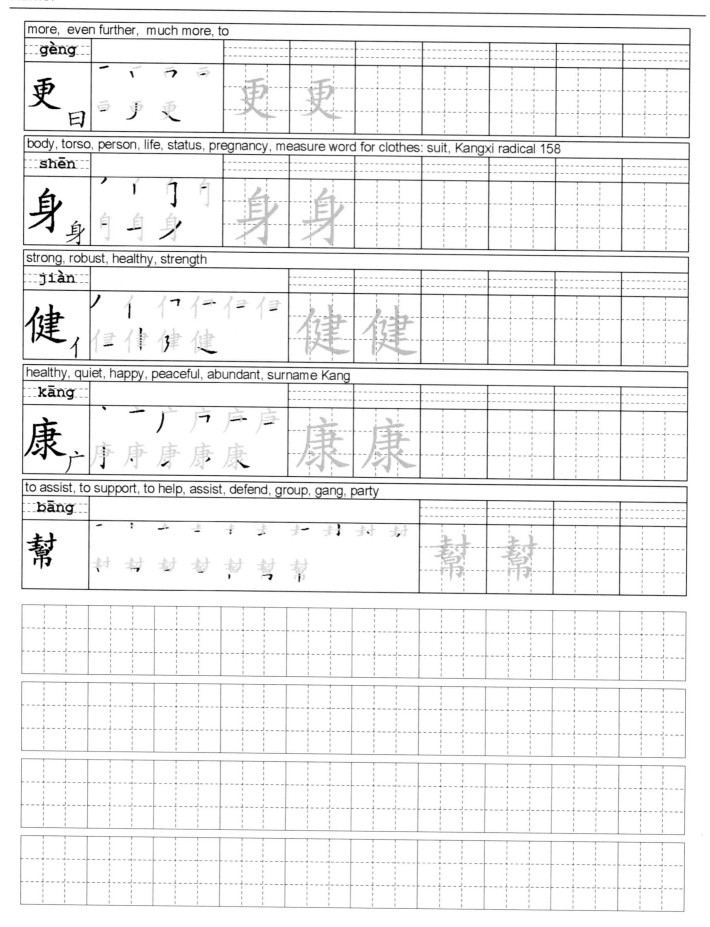

Name:

happy,merry						
kuài	lè					
快	樂					

celebrate						
qìng	zhù					
慶	祝					

blessings,wish well						
zhù	fú					
祝	福					

body, health						
shēn	tǐ					
身	體					

health,healthy						
jiàn	kāng					
健	康					

gift, present						
lǐ	wù					
禮	物					

Name:

hope, wish, expect						
xī	wàng					
希	望					

higher, even higher						
gèng	gāo					
更	高					

to help, to lend a hand, to do a favor, to do a good turn						
bāng	máng					
幫	忙					

to give a present						
sòng	lǐ					
送	禮					

birthday						
shēng	rì					
生	日					

第三課 Lesson 3 生日快樂

朗讀 chant

我過生日真快樂，家人幫忙來慶祝。
wǒ guò shēng rì zhēn kuài lè　jiā rén bāng máng lái qìng zhù

朋友祝福送禮物，希望每年都更好。
péng yǒu zhù fú sòng lǐ wù　xī wàng měi nián dōu gèng hǎo

生字生詞 Vocabulary

快樂，慶祝，祝福，身體，健康，禮物

希望，更高，幫忙，送禮，生日

Quizlet Practice

https://quizlet.com/29094413/go-chinese-400_lesson-3_traditional-flash-cards/

祝你生日快樂

1 = F 3/4

| 5̣ 5̣ 6̣ 5̣ | 1 7̣ − | 5̣ 5̣ 6̣ 5̣ | 2 1 − |

Happy Birthday to you,   Happy Birthday to you,

祝 你 生 日 快 樂   祝 你 生 日 快 樂

| 5̣ 5̣ 5 3 | 1 7̣ 6̣ | 4·4 3 1 | 2 1 − |

Happy Birthday to you,   Happy Birthday to you.

祝 你 生 日 快 樂   祝 你 生 日 快 樂

祝你身體健康！祝你萬事如意！
zhù nǐ shēn tǐ jiàn kāng   zhù nǐ wàn shì rú yì

祝你天天開心！祝你學業進步！
zhù nǐ tiān tiān kāi xīn   zhù nǐ xué yè jìn bù

句型文法與練習 Grammar Practice

更··· more

她很高，她姊姊更高。

＿＿＿＿＿＿＿＿＿＿＿，＿＿＿更＿＿。

（今天很冷/明天/冷）

過··· to celebrate （less formal, used in speaking ）

今年我們要幫爺爺在餐廳過生日。

＿＿＿＿＿＿＿過＿＿＿＿＿＿＿。

（我喜歡/中國新年 Chinese New Year）

慶祝 to celebrate

家人慶祝我的生日。

＿＿＿慶祝＿＿＿＿。（很多人/中國新年）

句型文法與練習 Grammar Practice

祝福 to wish (verb.)

祝福<u>弟弟天天快樂</u>。

祝福＿＿＿＿＿＿＿。（媽媽身體健康）

祝福 wish (noun.)

<u>謝謝大家的</u>祝福。

＿＿＿＿＿祝福，謝謝！（我喜歡你的）

希望 to hope (verb.)

我希望<u>明天不要下雨</u>。

弟弟希望＿＿＿＿＿＿。（可以參加樂隊）

希望 hope (noun.)

<u>明天不要下雨是我的</u>希望。

＿＿＿＿＿＿＿＿希望。（可以參加樂隊是弟弟的）

對話練習 Conversation Practice

A: 小明，你的生日是哪一天？
xiǎo míng　nǐ de shēng rì shì nǎ yī tiān

B: 下個月十五號，我的家人要幫我慶祝十歲生日。
xià ge yuè shí wǔ hào　wǒ de jiā rén yào bāng wǒ qìng zhù shí suì shēng rì

你可以來我家，一起過生日嗎？
nǐ kě yǐ lái wǒ jiā　yī qǐ guò shēng rì ma

A: 可以。
kě yǐ

B: 我也找了小貴，希望他能一起來。
wǒ yě zhǎo le xiǎo guì　xī wàng tā néng yī qǐ lái

A&C: 小明，生日快樂!這是我們送你的禮物和卡片。
xiǎo míng　shēng rì kuài lè　zhè shì wǒ men sòng nǐ de lǐ wù hé kǎ piàn

祝你身體健康，每年更高更快樂!
zhù nǐ shēn tǐ jiàn kāng　měi nián gèng gāo gèng kuài lè

B: 謝謝你們的祝福!我們一起來吃蛋糕(cake)吧!
xiè xiè nǐ men de zhù fú wǒ men yī qǐ lái chī dàn gāo　ba

第三課 Lesson 3　生日快樂

1. 寫拼音　Write pin-yin

Example: 生日 → shēng　rì

- 快樂 _____
- 身體 _____
- 健康 _____
- 慶祝 _____
- 祝福 _____

- 幫忙 _____
- 希望 _____
- 過 _____
- 禮物 _____
- 更 _____

2. 連連看　Match the correct English meanings

身體 *　　　* wish
健康 *　　　* body.
祝福 *　　　* healthy
禮物 *　　　* help
幫忙 *　　　* present

希望 *　　　* birthday
生日 *　　　* to hope
快樂 *　　　* happy
更高 *　　　* to celebrate
過 *　　　* taller

3. 讀讀看 fill in the blanks below and record them in Google voice,
   Dial 925-289-8007. Say your name first, and then record the sentences.

親愛的_____(the one you want to invite):
qīn ài de

下星期日是我的_____歲生日。
xià xīng qí rì shì wǒ de   suì shēng rì

我的家人會 _____(help)我在 Chuckie Cheese_____(celebrate)
wǒ de jiā rén huì   wǒ zài

我的生日。_____(hope)你能來。請不用帶 _____(presents)。
wǒ de shēng rì   nǐ néng lái   qǐng bú yòng dài

請在十月二十五日前告訴我媽媽你能不能來。謝謝!
qǐng zài shí yuè èr shí wǔ rì qián gào sù wǒ mā mā nǐ néng bú néng lái   xiè xiè

_____ (your name)敬上
                              jìng shàng
                   (date)
_____

4. 寫寫看 Write down your birthday invitation (example as above). Remember the names, dates, reasons, and location.

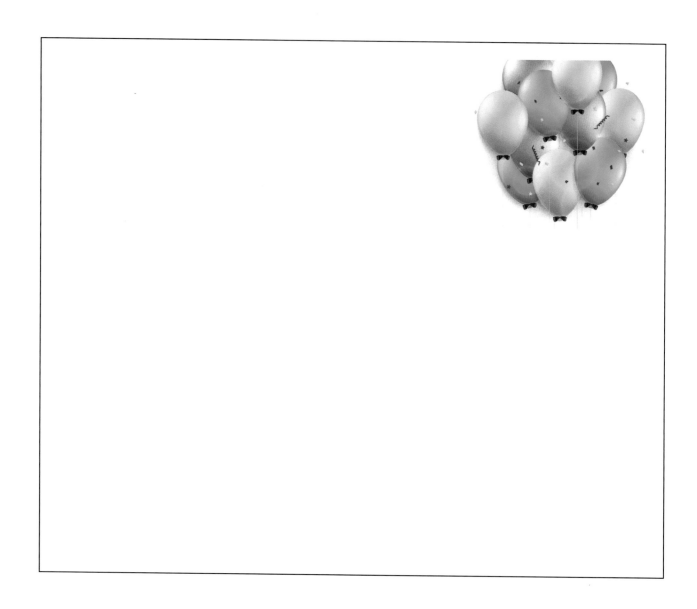

5. 填填看 Fill in the blanks with the following words

> 慶祝、祝福、希望、禮物、健康、快樂

1）祝你生日_____！身體 _____！

2）星期天我們要幫奶奶_____她八十歲生日。

3）明天我有棒球比賽，_____明天不要下雨_。

4）這是我送你的_____，希望你會喜歡。

5）謝謝大家的_____，我也希望大家天天開心。

6. 填字 fill in the blanks by using "更....."

- 昨天很熱，但是今天_____(hotter)。

- 哥哥很高，爸爸 _____(taller)。

- 弟弟跑得很快，但是姐姐跑得 _____(faster)。

- 她每天練習中文，現在她的中文說得 _____(better)。

7. 圈生詞 circle the words and write it down

圖	身	體	新	認	識	更	高
畫	書	育	幫	真	不	錯	知
慶	歷	館	忙	健	康	對	道
祝	福	什	容	易	音	廁	所
難	史	生	大	快	樂	旁	邊
過	希	日	樓	下	運	禮	辦
美	望	中	上	數	動	物	公
勞	英	文	科	學	場	教	室

快樂				

8. 選擇題 multiple choice

（　　）我們幫妹妹 Ⓐ祝福 Ⓑ慶祝 Ⓒ希望 Ⓓ身體　她的九歲生日。

（　　）祝你生日快樂，身體Ⓐ健康 Ⓑ幸福 Ⓒ慶祝 Ⓓ更大。

（　　）弟弟今年比去年長得Ⓐ很 Ⓑ過 Ⓒ太 Ⓓ更　高了。

（　　）我很喜歡Ⓐ很 Ⓑ過 Ⓒ太 Ⓓ更 生日，可以有禮物。

（　　）謝謝你送我的 Ⓐ禮物Ⓑ慶祝 Ⓒ更快 Ⓓ幸福，我很喜歡。

（　　）我們在Ⓐ教室 Ⓑ廁所 Ⓒ老師辦公室　上課.

（　　）他的中文很Ⓐ沒錯Ⓑ不錯Ⓓ錯　知道很多中文字。

（　　）你 Ⓐ認真Ⓑ知識Ⓒ容易Ⓓ認識　教數學的謝老師嗎？

（　　）學校裡的活動Ⓐ哪裡Ⓑ沒錯 Ⓒ什麼 Ⓓ什麼都　有趣。

（　　）這次功課很Ⓐ容易Ⓑ難 Ⓒ不錯，我要很久才能寫完 。

（　　）我Ⓐ希望 Ⓑ祝福 Ⓒ慶祝 明天不要下雨，我才能去玩 。

（　　）八點了，我最喜歡的電視節目要Ⓐ開心Ⓑ開始 Ⓒ開車了！

（　　）Ⓐ不對 Ⓑ對不對 Ⓒ沒錯 ！ 她就是我的老師。

9 聽力 Choose the correct answer

聽力一

(　　) A. 慶祝　　B. 祝福　　C. 祝你　　D. 幸福

(　　) A. 慶祝　　B. 希望　　C. 祝福　　D. 禮物

(　　) A. 食物　　B. 禮物　　C. 地理　　D. 送禮

(　　) A. 願望　　B. 旁邊　　C. 希望　　D. 忘記

聽力二

(　　) A. 快跑　　B. 快樂　　C. 音樂　　D. 喜歡

(　　) A. 健康　　B. 看見　　C. 見到　　D. 安康

(　　) A. 過高　　B. 很高.　　C. 更高　　D. 真高

(　　) A. 難　　　B. 不容易　C. 有用　　D. 容易

聽力三

(　　) A. 幫助　　B. 不忙　　C. 幫忙　　D. 很忙

(　　) A. 喜歡　　B. 喜樂　　C. 快樂　　D. 歡喜

(　　) A. 不錯　　B. 沒錯　　C. 寫錯　　D. 答錯

(　　) A. 不錯　　B. 沒錯　　C. 寫錯　　D. 答錯

10. 打字練習 Type the answers below and email to chunling37@hotmail.com

.

Q: 請問你的生日是幾月幾日?

A: 我的生日是________________________________。

Q: 你想要什麼生日禮物?

A: 我想要________________________________。

我想要________________________________。

我想要________________________________。

Q: 你有什麼生日願望(wishes)?

A: 我希望________________________________。

我希望 ________________________________。

我希望________________________________。

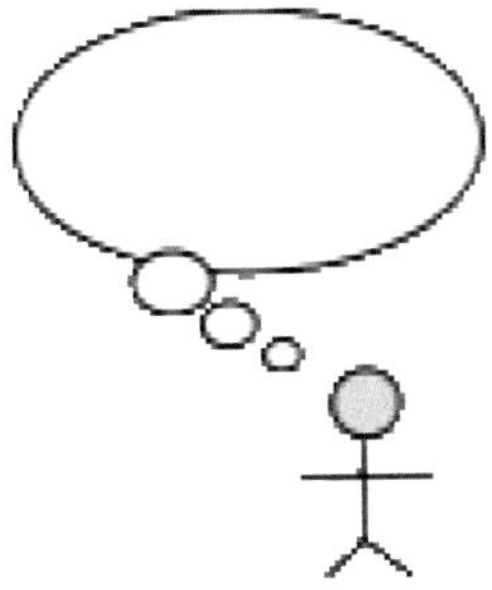

放

假

週

末

旅

行

寒

暑

工

親

只

別

累

暑假

打工

Name:

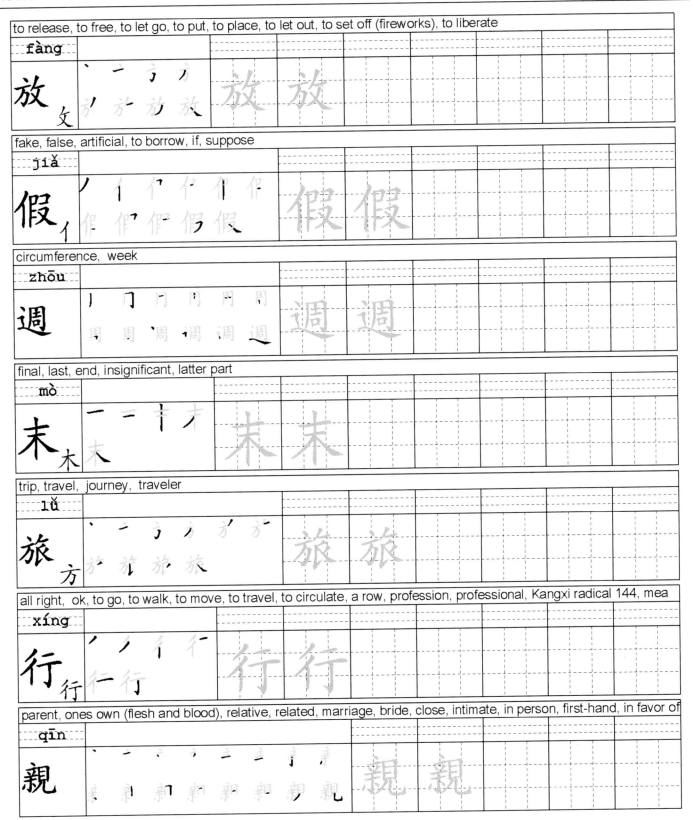

to release, to free, to let go, to put, to place, to let out, to set off (fireworks), to liberate

fàng

放

fake, false, artificial, to borrow, if, suppose

jiǎ

假

circumference, week

zhōu

週

final, last, end, insignificant, latter part

mò

末

trip, travel, journey, traveler

lǚ

旅

all right, ok, to go, to walk, to move, to travel, to circulate, a row, profession, professional, Kangxi radical 144, mea

xíng

行

parent, ones own (flesh and blood), relative, related, marriage, bride, close, intimate, in person, first-hand, in favor of

qīn

親

Name:

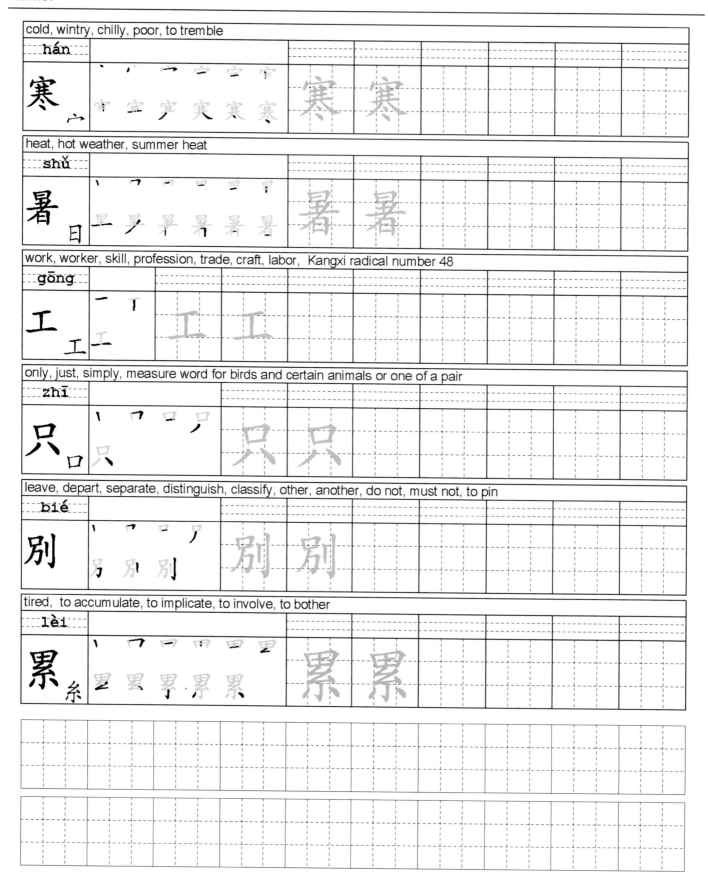

cold, wintry, chilly, poor, to tremble

hán

寒

heat, hot weather, summer heat

shǔ

暑

work, worker, skill, profession, trade, craft, labor, Kangxi radical number 48

gōng

工

only, just, simply, measure word for birds and certain animals or one of a pair

zhī

只

leave, depart, separate, distinguish, classify, other, another, do not, must not, to pin

bié

别

tired, to accumulate, to implicate, to involve, to bother

lèi

累

Name:

to have a holiday or vacation						
fàng	jià					
放	假					

classes are over						
fàng	xué					
放	學					

vacation						
jià	qī					
假	期					

weekend						
zhōu	mò					
週	末					

summer vacation,summer break						
shǔ	jià					
暑	假					

winter vacation						
hán	jià					
寒	假					

Name:

---

to work (do manual labor for a living),a part time job,to moonlight

dǎ	gōng					
打	工					

job, work, construction, task

gōng	zuò					
工	作					

travel, journey, tour, trip

lǚ	xíng					
旅	行					

one's close relatives

qīn	rén					
親	人					

only

zhǐ	yǒu					
只	有					

other people,others,other person

bié	rén					
別	人					

Name:

else,other

bié	de
別	的

very tired

hěn	lèi
很	累

第四課 Lesson 4 假期做什麼

假期來了做什麼？休息旅行看親友。
jià qí lái le zuò shé mo   xiū xí lyǔ xíng kàn qīn yǒu

長長暑假去打工，週末也要快樂過。
cháng cháng shǔ jià qù dǎ gōng   zhōu mò yě yào kuài lè guò

生字生詞 Vocabulary

放假，放學，週末，假期，暑假，寒假

打工，工作，旅行，親人，只有，別人

別的，很累

Quizlet Practice

https://quizlet.com/33199346/go-chinese-400_lesson-5_traditional-flash-cards/

說一說

一月	二月	四月
		 SPRING
新年假期 xīn nián jià qí	長週末/休息 cháng zhōu mò xiū xí	春假 chūn jià

六月七月八月	十一月	十二月
暑假/打工 shǔ jià dǎ gōng	感恩節假期 gǎn ēn jié jià qí (Thanksgiving holidays) 看親友 kàn qīn yǒu	寒假/旅行 hán jià lǚ xíng

只有…不夠…的。　　only… not enough

我只有五塊錢，不夠去餐廳吃飯的。

＿＿＿只有＿＿＿＿＿＿，不夠＿＿＿＿＿＿的。

（教室／一台電腦／大家用的）

＿＿＿只有＿＿＿＿＿＿，不夠＿＿＿＿＿＿的。

（爸爸／一天假期／去很遠的地方旅行）

長　characters with multiple pronunciations

長大　→（ zhǎng dà ）→（grow up ）

長假期→（　　　　　）→（　　　　　）

假　characters with multiple pronunciations

假的　→（ jiǎ de ）→（ fake ）

假期　→（　　　　　）→（　　　　　）

句型文法與練習 Grammar Practice

別　do not

別<u>忘了星期六是媽媽的生日</u>　。

別＿＿＿＿＿＿＿＿。（看太久的電視）

別人　other people

<u>這是別人</u><u>的書</u>，<u>我不能拿</u>。

別人＿＿＿＿＿＿＿，＿＿＿＿＿＿＿。

（都有一台電腦／我也想要）

別的　other

別的<u>學校都有圖書館</u>，<u>可是妹妹的學校沒有</u>。

別的　＿＿＿＿＿＿＿＿，＿＿＿＿＿＿＿＿＿？

（書太貴了／你買這一本好不好）

對話練習　Conversation Practice

A: 你這個長週末要做什麼？
nǐ zhè ge cháng zhōu mò yào zuò shé mo

B: 我要和家人一起去旅行。你呢？
wǒ yào hé jiā rén yī qǐ qù lǚ xíng　nǐ nē

A: 我要在家休息。
wǒ yào zài jiā xiū xi

A: 小明，暑假你要做什麼？
xiǎo míng　shǔ jià nǐ yào zuò shé mo

B: 我要和媽媽一起去台灣看外公外婆。你要不要和我
wǒ yào hé mā mā yī qǐ qù tái wān kàn wài gōng wài pó　nǐ yào bú yào hé wǒ

一起去旅行？
yī qǐ qù lǚ xíng

A: 我要在圖書館打工。只有三天假，不夠去旅行的。
wǒ yào zài tú shū guǎn dǎ gōng　zhǐ yǒu sān tiān jià　bú gòu qù lǚ xíng de

A: 爸爸，我暑假想去打工。
bà bā wǒ shǔ jià iǎng qù dǎ gōng

B: 你想去哪裡打工？
nǐ xiǎng qù nǎ lǐ dǎ gōng

A: 我想去學校的餐廳打工。
wǒ xiǎng qù xué xiào de cān tīng dǎ gōng

B: 去餐廳打工，一個小時多少錢？
qù cān tīng dǎ gōng yī ge xiǎo shí duō shǎo qián

A: 多少錢不重要，我可以學做事。
duō shǎo qián bú zhòng yào wǒ kě yǐ xué zuò shì

B: 你可以去，可是別太累了。
nǐ kě yǐ qù kě shì bie tài lèi le

A: 這個週末你可以來我家玩嗎？
zhè ge zhōu mò nǐ kě yǐ lái wǒ jiā wán ma

B: 不行，我這個週末有足球練習，下個週末可以嗎？
bú xíng wǒ zhè ge zhōu mò yǒu zú qíu liàn xí xià ge zhōu mò kě yǐ ma

第四課 Lesson 4 假期做什麼

1. 寫拼音 Write pin-yin

Example: 假期 → jià qí

- 放假 ＿＿＿＿＿＿＿
- 打工 ＿＿＿＿＿＿＿
- 暑假 ＿＿＿＿＿＿＿
- 只有 ＿＿＿＿＿＿＿
- 寒假 ＿＿＿＿＿＿＿
- 旅行 ＿＿＿＿＿＿＿
- 親人 ＿＿＿＿＿＿＿
- 別人 ＿＿＿＿＿＿＿
- 週末 ＿＿＿＿＿＿＿
- 很累 ＿＿＿＿＿＿＿

2. 連連看 Match the correct English meanings

假期 *	* take days off
放假 *	* vacation
暑假 *	* spring break
春假 *	* summer vacation
寒假 *	* winter vacation

別 *	* travel
只有 *	* do not
旅行 *	* only
休息 *	* tired
累 *	* rest

3. 寫寫看，讀讀看

Fill in the blanks below and record them in Google voice,
Dial 925-289-8007. Say your name first, and then record the sentences.

今年寒假有兩個星期。
jīn nián hán jià yǒu liǎng ge xīng qí

第一個 ＿＿＿＿＿＿ (weekend) 是聖誕節 (Christmas)，很多 ＿＿＿＿＿＿
dì yī ge   shì shèng dàn jié   hěn duō

(relative) 來我們家 ＿＿＿＿＿＿ (celebrate)，我收到很多 ＿＿＿＿＿＿
          lái wǒ men jiā   wǒ shōu dào hěn duō

(gift)。

第二個週末，爸爸也 ＿＿＿＿＿＿ (take days off)，我們全家一起去
dì èr ge zhōu mò   bà bà yě   wǒ men quán jiā yì qǐ qù

Tahoe ＿＿＿＿＿＿ (travel)，到山上玩雪。
                              dào shān shàng wán xuě

新的一年，我 ＿＿＿＿＿＿ (hope) 我和家人身體 ＿＿＿＿＿＿ (healthy)。
xīn de yī nián wǒ   wǒ hé jiā rén shēn tǐ

4. 填填看 Fill in the blanks with the following words.

打工　工作　加班(extra work)　上班　上學

- 媽媽早上很早就要去 ＿＿＿＿＿＿(go to work)。

- 爸爸每天早上送我去 ＿＿＿＿＿＿(go to school)。

- 媽媽一周 ＿＿＿＿＿＿(work)六天，還得常常＿＿＿＿＿(extra work)，很辛苦。

- 姊姊暑假要去學校圖書館＿＿＿＿＿(part-time job)。

5.造句 Follow the example below to make your own"只有…不夠…"

Sentences

> Example.　兩天假 →我**只有**兩天假，**不夠**去旅遊。

一個玩具：＿＿＿＿＿＿＿＿＿＿＿＿＿＿＿＿＿＿＿。

一台電腦：＿＿＿＿＿＿＿＿＿＿＿＿＿＿＿＿＿＿＿。

十塊錢：　＿＿＿＿＿＿＿＿＿＿＿＿＿＿＿＿＿＿＿。

6.填字 Fill in the blanks with following words.

> 別，別人，別的

● 卡通很好看，可是 ＿＿＿＿＿＿看太久。

● ＿＿＿＿＿＿的書，我不能拿。

● 這本書太貴了，你買＿＿＿＿＿＿好不好？

● 這題數學問題我不會，你可以問 ＿＿＿＿＿＿嗎？

7. 圈生詞 Circle the words below..

圖	暑	體	新	認	識	更	高
寒	假	育	幫	真	不	錯	只
慶	親	館	忙	週	末	對	有
祝	友	什	容	易	音	廁	所
難	放	假	大	旅	行	旁	邊
過	希	期	樓	下	運	禮	辦
美	望	打	上	數	動	物	很
勞	英	工	科	學	場	教	累

旅行	打工	放假	假期	週末
親友	暑假	寒假	只有	很累

8. 選擇題 multiple choice

(　　) Ⓐ放假　Ⓑ上學　Ⓒ工作　Ⓓ放東西　了，媽媽帶我們去玩。

(　　) 這個Ⓐ週末　Ⓑ周期　Ⓒ一周，　我要去朋友家玩。

(　　) Ⓐ暑假　Ⓑ寒假　Ⓒ春假　Ⓓ週末　的時候，我們去看雪。

(　　) 我喜歡Ⓐ旅行　Ⓑ加班　Ⓒ遊行　去不同的地方認識新事物。

(　　) 六月到了，Ⓐ暑假　Ⓑ寒假　Ⓒ春假　Ⓓ周末　快到了！

(　　) 爺爺奶奶是我的Ⓐ動物　Ⓑ情人Ⓒ親人。

(　　) 你可以去打工，可是Ⓐ別人Ⓑ別的　Ⓒ別　Ⓓ只　太累了。

(　　) 爸爸的Ⓐ工作　Ⓑ打工　Ⓒ假期　Ⓓ休息　很忙，很辛苦。

(　　) 我　Ⓐ還有　Ⓑ只有　Ⓒ沒有　兩天假期，不夠去旅行。

(　　) 我幫妹妹　Ⓐ祝福　Ⓑ慶祝　Ⓒ希望　Ⓓ身體　她的九歲生日。

(　　) 弟弟今年比去年長得Ⓐ很　Ⓑ過　Ⓒ太　Ⓓ更　高了。

(　　) 我很喜歡Ⓐ很　Ⓑ過　Ⓒ太　Ⓓ更　生日，可以有禮物。

(　　) 他的中文很Ⓐ沒錯Ⓑ不錯Ⓓ錯　知道很多中文字。

(　　) 學校裡的活動Ⓐ哪裡Ⓑ沒錯　Ⓒ什麼　Ⓓ什麼都　有趣。

(　　) 這次功課很Ⓐ容易Ⓑ難　Ⓒ不錯，我要很久才能寫完　。

9 聽力　Choose the correct answer

聽力一

(　　) A. 假期　　B. 放假　　C. 假的　　D. 休假

(　　) A. 假期　　B. 日期　　C. 星期　　D. 周期

(　　) A. 暑假　　B. 春假　　C. 寒假　　D. 放假

(　　) A. 暑假　　B. 春假　　C. 寒假　　D. 放假

聽力二

(　　) A. 週末　　B. 一週　　C. 週一　　D. 週日

(　　) A. 長週末　B. 長週末　C. 長高　　D. 成長

(　　) A. 放假　　B. 休假．　C. 休息　　D. 木息

(　　) A. 親人　　B. 親愛　　C. 朋友　　D. 親友

聽力三

(　　) A. 行人　　B. 不行　　C. 旅行　　D. 一行

(　　) A. 行人　　B. 不行　　C. 旅行　　D. 一行

(　　) A. 工作　　B. 打工　　C. 加工　　D. 打錯

(　　) A. 只有　　B. 只是　　C. 不夠　　D. 沒有

10. 打字練習 Type the answers below and email to chunling37@hotmail.com

.

Q: 你什麼時候開始放寒假?

A: 我們從＿＿＿＿＿＿＿＿＿＿＿＿＿＿＿＿＿＿。

Q: 你寒假想要做什麼?

A: 我寒假想要＿＿＿＿＿＿＿＿＿＿＿＿＿＿＿。

我寒假想要＿＿＿＿＿＿＿＿＿＿＿＿＿＿＿。

我寒假想要＿＿＿＿＿＿＿＿＿＿＿＿＿＿＿。

Q: 你寒假和誰?去了哪裡?做了什麼事?

A: 我＿＿＿＿＿＿＿＿＿＿＿＿＿＿＿＿＿＿。

我 ＿＿＿＿＿＿＿＿＿＿＿＿＿＿＿＿＿。

我＿＿＿＿＿＿＿＿＿＿＿＿＿＿＿＿＿。

搭 W4_L5	飛 W4_L5	機 W4_L5
鐵 W4_L5	計 W4_L5	程 W4_L5
趕 W4_L5	站 W4_L5	先 W4_L5
南 W4_L5	北 W4_L5	才 W4_L5
車站 W4_L5	地鐵 W4_L5	趕得上 W4_L5

85

Name:

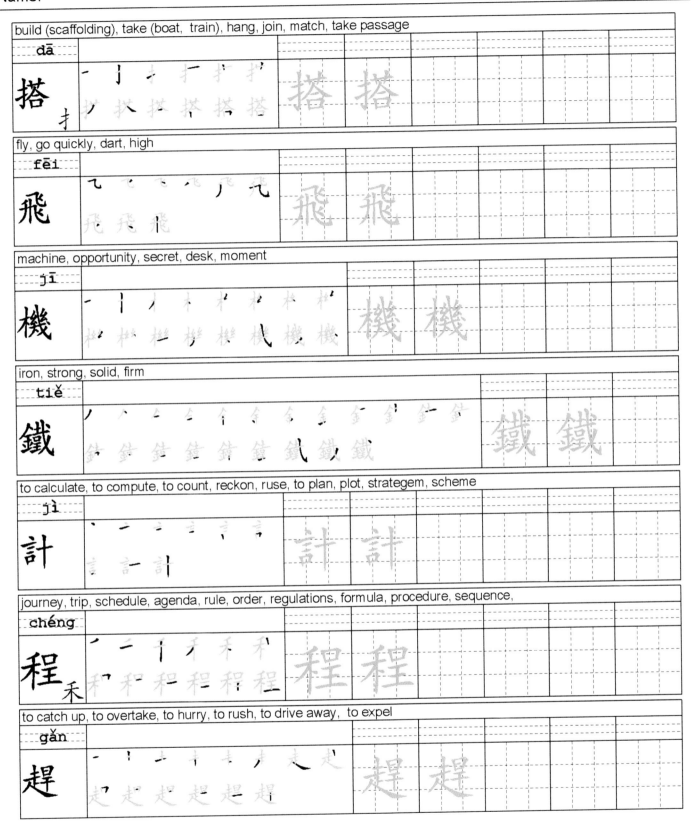

build (scaffolding), take (boat, train), hang, join, match, take passage

dā

搭

fly, go quickly, dart, high

fēi

飛

machine, opportunity, secret, desk, moment

jī

機

iron, strong, solid, firm

tiě

鐵

to calculate, to compute, to count, reckon, ruse, to plan, plot, strategem, scheme

jì

計

journey, trip, schedule, agenda, rule, order, regulations, formula, procedure, sequence,

chéng

程

to catch up, to overtake, to hurry, to rush, to drive away, to expel

gǎn

趕

Name:

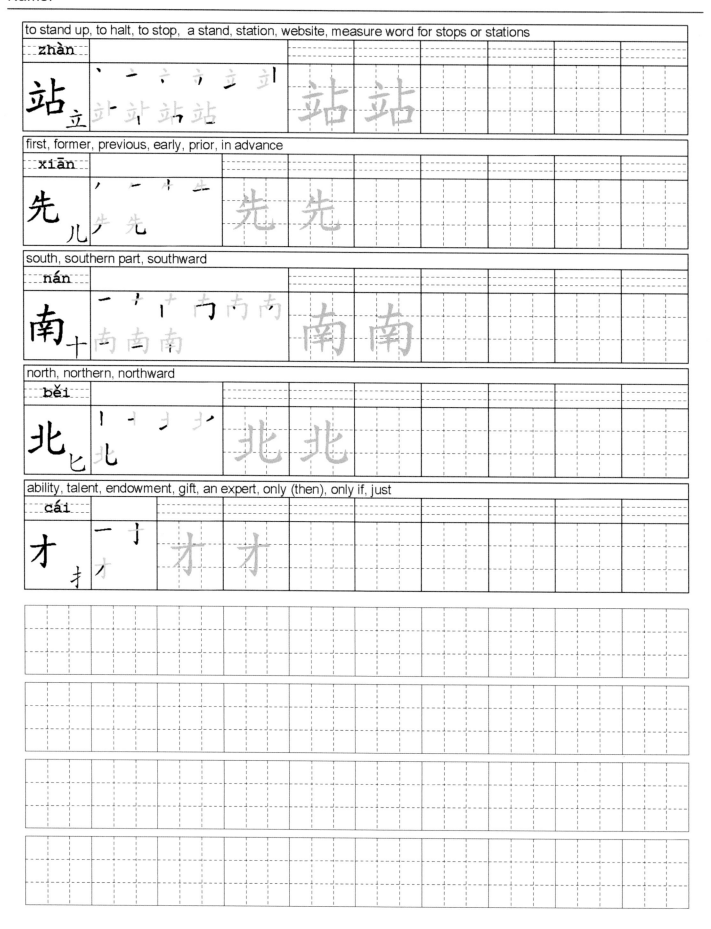

to stand up, to halt, to stop, a stand, station, website, measure word for stops or stations
zhàn
站

first, former, previous, early, prior, in advance
xiān
先

south, southern part, southward
nán
南

north, northern, northward
běi
北

ability, talent, endowment, gift, an expert, only (then), only if, just
cái
才

Name:

station, stop						
chē	zhàn					
車	站					

to ride (in a vehicle),to get a lift,to hitch-hike						
dā	chē					
搭	車					

subway,metro						
dì	tiě					
地	鐵					

aircraft, airplane, plane						
fēi	jī					
飛	機					

taxi,cab (Taiwan)						
jì	chéng	chē				
計	程	車				

bus						
gōng	chē					
公	車					

Name:

airport, airfield, aerodrome							
jī	chǎng						
機	場						

can't keep up with; can't catch up with; cannot overtake							
gǎn	bù	shàng					
趕	不	上					

keep up with							
gǎn	dé	shàng					
趕	得	上					

to drive a car							
kāi	chē						
開	車						

to take the car, bus, train etc							
zuò	chē						
坐	車						

to transfer; to change trains, buses etc							
zhuǎn	chē						
轉	車						

Name:

order, early or late, in sequence					
xiān	hòu				
先	後				

south,south side,southern part,to the south of					
nán	biān				
南	邊				

north,north side,northern part,to the north of					
běi	biān				
北	邊				

第五課 Lesson 5 交通工具

你坐公車我開車，路上還有計程車。
nǐ zuò gōng chē wǒ kāi chē lù shàng hái yǒu jǐ chéng chē

他搭飛機坐地鐵，趕來趕去交通忙。
tā dā fēi jǐ zuò dì tiě gǎn lái gǎn qù jiāo tōng máng

生字生詞 Vocabulary

車站，搭車，地鐵，計程車，飛機，公車

機場，趕得上，趕不上，開車，坐車，轉車

先後，南邊，北邊

Quizlet Practice

https://quizlet.com/40241246/go-chinese-400_lesson-8_traditional-flash-cards/

說一說

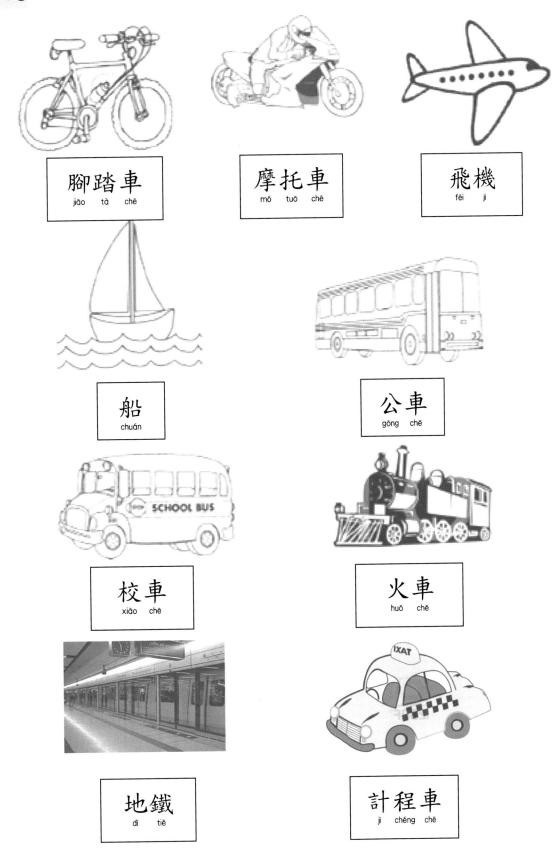

腳踏車
jiǎo tà chē

摩托車
mó tuō chē

飛機
fēi jī

船
chuán

公車
gōng chē

校車
xiào chē

火車
huǒ chē

地鐵
dì tiě

計程車
jì chéng chē

句型文法與練習 Grammar Practice

先⋯再　first... then...

我先坐公車，再坐地鐵。

_____先_____，再_____。

（大家要/洗手/吃飯）

_____先_____，再_____。

（媽媽/送妹妹去上學/去市場買菜）

才　then, just

中文字要多練習才寫得好。

_____才_____。

（你要搭計程車/趕得上飛機）

_____才_____。

（弟弟要寫完功課/出去玩）

對話練習 Conversation Practice

A: 你每天怎麼去上學？
ni měi tiān zěn mo qù shàng xué

B: 我走路去上學。你呢？
wǒ zǒu lù qù shàng xué　　　ni nē

A: 我先坐地鐵，再搭公車去上學，。
wǒ xiān zuò dì tiě　　zài dā gōng chē qù shàng xué

A: 小明，暑假你要做什麼？
xiǎo míng　　shǔ jiǎ ni yào zuò shé mo

B: 我要和媽媽一起去台灣看外公外婆。
wǒ yào hé mā mā yī qǐ qù tái wān kàn wài gōng wài pó

A: 你要怎麼去台灣？
ni yào zěn mo qù tái wān

B: 我要搭飛機去台灣。
wǒ yào dā fēi jī qù tái wān

A: 你搭幾點的飛機？
ni dā jǐ diǎn de fēi jī

B: 我搭晚上十二點的飛機，要坐十三個小時才會到台
wǒ dā wǎn shàng shí èr diǎn de fēi jī　yào zuò shí sān ge xiǎo shí cái huì dào tái

灣。
wān

對話練習　Conversation Practice

A: 我下午三點要到火車站，從這裡坐公車到火車站要
多久？

B: 從這裡到火車站坐公車要一個小時。

A: 太久了。請你幫我叫計程車好嗎？

B: 好。

A: 你在做什麼？

B: 我在等十二號公車去圖書館。我等了三十分鐘了，
公車還沒來。

A: 我想你要坐計程車，才趕得上圖書館的關門時間。

B: 我只有五塊錢，不夠坐計程車。

對話練習 Conversation Practice

A: 請問去醫院要搭什麼車?
qǐng wèn qù yī yuàn yào dā shé mo chē

B: 你可以坐地鐵，也可以坐公車。坐地鐵比坐公車
nǐ kě yǐ zuò dì tiě　　yě kě yǐ zuò gōng chē　　zuò dì tiě bǐ zuò gōng chē

快，但是比較貴。
kuài　dàn shì bǐ jiào guì

A: 我想坐地鐵。請問要在哪一站下車?
wǒ xiǎng zuò dì tiě　　qǐng wèn yào zài nǎ yī zhàn xià chē

B: 在公園站下車，下車後走一號出口，往北走五分
zài gōng yuán zhàn xià chē　　xià chē hòu zǒu yī hào chū kǒu　　wǎng běi zǒu wǔ fēn

鐘就到了。
zhōng jiù dào le

A: 謝謝!
xiè xiè

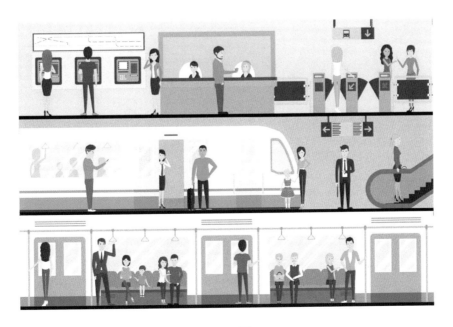

第五課 Lesson 5 交通工具

1. 寫拼音 Write pin-yin

Example: 車站 → chē zhàn

- 搭車 _____
- 公車 _____
- 地鐵 _____
- 計程車 _____
- 飛機 _____

- 機場 _____
- 趕得上 _____
- 趕不上 _____
- 先後 _____
- 南北 _____

2. 連連看 Match the correct Chinese meanings

走路
zǒu lù

腳踏車
jiǎo tà chē

船
chuán

汽車
qì chē

3. 寫寫看，讀讀看

Fill in the blanks below and record them in Google voice,
Dial 925-289-8007. Say your name first, and then record the sentences.

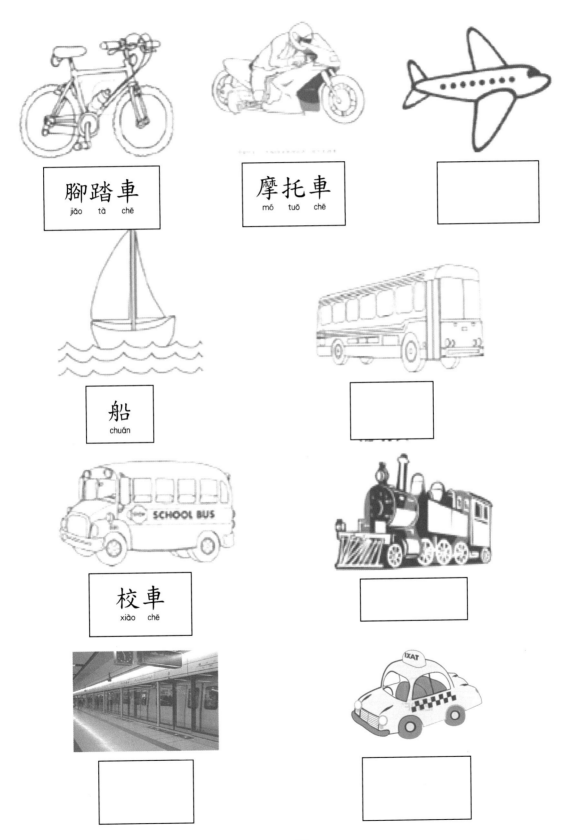

腳踏車
jiǎo tà chē

摩托車
mó tuō chē

船
chuán

校車
xiào chē

4. 填填看 Fill in the blanks with the following words.

> 搭公車　開車　轉車(transfer)　車站　火車

- 爸爸每天早上 ＿＿＿＿＿＿＿(drive)送我去上學。

- 姊姊要＿＿＿＿＿＿＿(take a bus)去圖書館。

- 如果你要去醫院，要先搭一號公車到學校，再

  ＿＿＿＿＿＿(transfer)搭五號公車。

- 你一直往前走，到下個路口右轉，你就可以看到

  ＿＿＿＿＿＿(station)了。

- 我喜歡坐＿＿＿＿＿＿(train)旅行，可以看到不同的風景

  (scenes)。

5.造句 Use the pictures below to make your own"先...再..." sentences

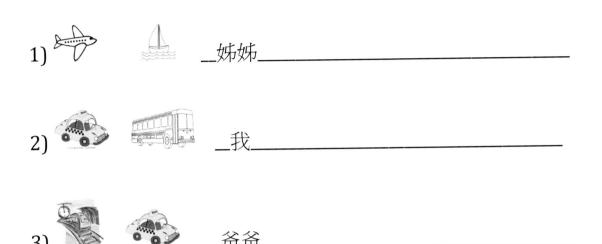

1) ___姊姊_____

2) ___我_____

3) ___爸爸_____

Use the pictures below to make your own"...比..." sentences

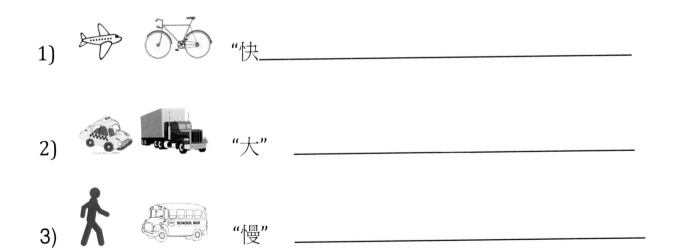

1) "快_____

2) "大"_____

3) "慢"_____

7. 寫字和翻譯　Fill in the blanks below and translate into English meanings.

- 我今年暑假要從美國搭 _____(airplane)去台灣。

wǒ jīn nián shǔ jià yào cóng měi guó dā　qù tái wān

  E: <u>I will take a plane from the U.S. to Taiwan this summer.</u>

- 春假爸爸要開 _____(car)帶我們去 Tahoe 玩。

chūn jià bà bà yào kāi　dài wǒ men qù　wán

  E: _____.

- 小明每天坐 _____(bus)去上學。

xiǎo míng měi tiān zuò　qù shàng xué

  E: _____.

- 他家就在學校旁邊，可以 _____(walk)去上學。

tā jiā jiù zài xué xiào páng biān kě yǐ　qù shàng xué

  E: _____.

- BART 是一種 _____(subway)，在地下跑。

shì yì zhǒng　zài dì xià pǎo

  E: _____.

- 你搭過 Amtrak _____(train)嗎?

nǐ dā guò　ma

  E: _____.

- 他要趕飛機，坐 _____(taxi)最快。

tā yào gǎn fēi jī zuò　zuì kuài

  E: _____.

102

8. 選擇題 multiple choice

(　　　　)爸爸每天Ⓐ坐車　Ⓑ開車　Ⓒ火車　送我們去上學。

(　　　　)我們要Ⓐ慢　Ⓑ後　Ⓒ先　洗手，才能吃飯。

(　　　　)快一點，我們才能Ⓐ趕不上　Ⓑ趕得上　Ⓒ趕快　火車。

(　　　　)從你家到機場很遠，坐公車是Ⓐ趕不上　Ⓑ趕得上　Ⓒ趕快

　　　　　飛機的。

(　　　　)暑假我要和媽媽Ⓐ坐飛機　Ⓑ開車　Ⓒ坐計程車　去台灣。

(　　　　)太陽從(Ⓐ北　Ⓑ東　Ⓒ西)邊升起(rise)，(Ⓐ南　Ⓑ西　Ⓒ

　　　　　東)邊落下(set)。

(　　　　)Ⓐ放假　Ⓑ上學　Ⓒ工作　Ⓓ放東西　了，媽媽帶我們去玩。

(　　　　)這個Ⓐ週末　Ⓑ周期　Ⓒ一周，　我要去朋友家玩。

(　　　　)爺爺奶奶是我的Ⓐ動物　Ⓑ情人Ⓒ親人。

(　　　　)你可以去打工，可是Ⓐ別人Ⓑ別的　Ⓒ別　Ⓓ只　太累了。

(　　　　)弟弟去浴室Ⓐ洗澡Ⓑ　Ⓒ吃飯　Ⓓ睡覺。

9 聽力 Choose the correct answer

聽力一

(　　　) A. 火車　　B. 計程車　C. 汽車　　D. 公車

(　　　) A. 火車　　B. 計程車　C. 汽車　　D. 公車

(　　　) A. 火車　　B. 開車　　C. 汽車　　D. 公車

(　　　) A. 火車　　B. 公車　　C. 計程車　D. 校車

聽力二

(　　　) A. 車站　　B. 機場　C. 地鐵　　D. 飛機

(　　　) A. 車站　　B. 機場　C. 地鐵　　D. 飛機

(　　　) A. 車站　　B. 機場　C. 地鐵　　D. 飛機

(　　　) A. 車站　　B. 機場　C. 地鐵　　D. 飛機

聽力三

(　　　) A. 搭車　　B. 坐車　　C. 開車　　D. 轉車

(　　　) A. 搭車　　B. 坐車　　C. 開車　　D. 轉車

(　　　) A. 搭車　　B. 坐車　　C. 開車　　D. 轉車

(　　　) A. 搭車　　B. 坐車　　C. 開車　　D. 轉車

10. 報告練習 Presentation 2 Practice::My Travel Plan

Please type the answers below and make a poster or PowerPoint file to make a presentation. Please add more pictures as possible. Bring your presentation files or poster to school or email to chunling37@hotmail.com

- 你要去哪裡旅行？ Where

- 你什麼時候要去旅行? When?

- 你要和誰一起去? With whom?

- 那裡天氣怎麼樣? Weather there? ex.冷，熱，下雨，晴天

- 你怎麼去那裡? How do you go there? ex. 地鐵，飛機...

- 旅行的時候，你想做什麼? What do you want to do when traveling? ex.買東西，

  吃美食，看親友....

狗 W4_L6	貓 W4_L6	鳥 W4_L6
隻 W4_L6	魚 W4_L6	條 W4_L6
牠 W4_L6	養 W4_L6	餵 W4_L6
清 W4_L6	理 W4_L6	園 W4_L6
照顧 W4_L6	愛心 W4_L6	動物園 W4_L6

Name:

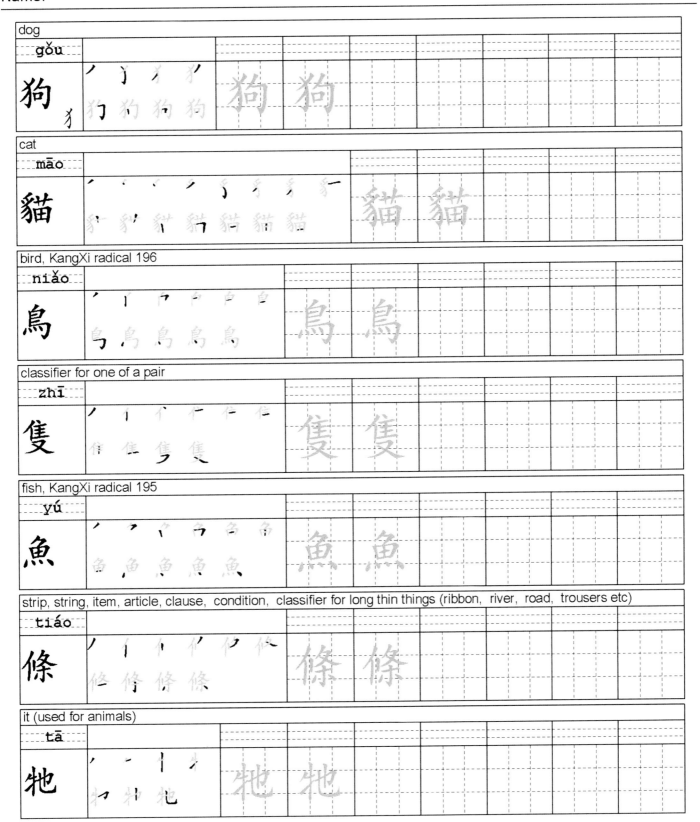

Name:

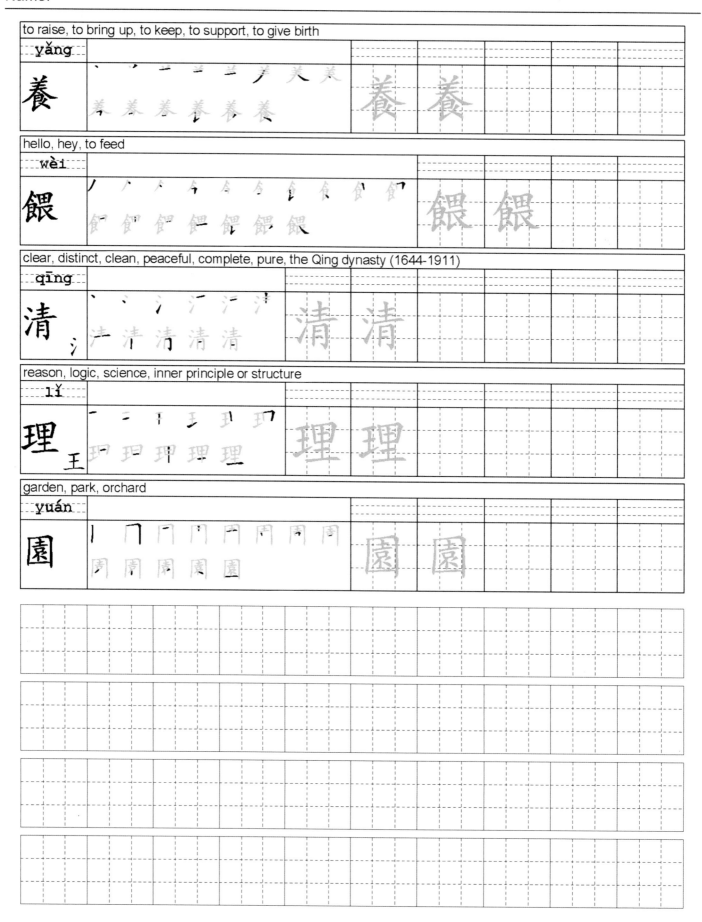

to raise, to bring up, to keep, to support, to give birth

yǎng

養

hello, hey, to feed

wèi

餵

clear, distinct, clean, peaceful, complete, pure, the Qing dynasty (1644-1911)

qīng

清

reason, logic, science, inner principle or structure

lǐ

理

garden, park, orchard

yuán

園

Name:

animal						
dòng	wù					
動	物					

zoo						
dòng	wù	yuán				
動	物	園				

garden						
huā	yuán					
花	園					

feed birds						
wèi	niǎo					
餵	鳥					

clear,to put in order,to check up						
qīng	lǐ					
清	理					

three fish						
sān	tiáo	yú				
三	條	魚				

Name:

a dog

yī	zhǐ	gǒu					
一	隻	狗					

two cats

liǎng	zhǐ	māo					
兩	隻	貓					

using the toilet, urination and defecation

dà	xiǎo	biàn					
大	小	便					

to take a walk, to go for a walk

sàn	bù						
散	步						

compassion

ài	xīn						
愛	心						

to take care of, to show consideration, to attend to, to look after

zhào	gù						
照	顧						

第六課 Lesson 6 我的寵物

朗讀 chant

養動物，不容易。貓狗小鳥還有魚。
yǎng dòng wù　　bù róng yì　　māo gǒu xiǎo niǎo hái yǒu yú

每天餵牠們吃飯，散步清理大小便。
měi tiān wèi tā men chī fàn　　sàn bù qīng lǐ dà xiǎo biàn

生字生詞 Vocabulary

動物，寵物，動物園，花園，餵鳥，清理
三條魚，兩隻狗，一隻貓，大小便，愛心，
照顧

Quizlet Practice

https://quizlet.com/31322548/go-chinese-400_lesson-4_traditional-flash-cards//

說一說

兩隻狗 liǎng zhī gǒu	一隻貓 yī zhī māo	三隻鳥 sān zhī niǎo
一條魚 yī tiáo yú	動物園 dòng wù yuán	公園 gōng yuán
養 yǎng	餵 wèi	清理 qīng lǐ

句型文法與練習 Grammar Practice

| Subject 帶 noun 去 verb。 |

我帶小狗去公園散步。

_____帶_____去_____。

（姊姊/貓/看醫生）

_____帶_____去_____。

（爸爸/全家人/旅行）

| 是誰…的？　　Who does....? |

是誰每天餵魚的？

是誰_____的？

（吃了我的麵包）

是誰_____的？

（帶你去圖書館）

A: 你喜歡養小動物嗎?
nǐ xǐ huān yǎng xiǎo dòng wù ma

B: 我喜歡,因為小動物很可愛(cute)。可是養小動物要
wǒ xǐ huān yīn wèi xiǎo dòng wù hěn kě ài kě shì yǎng xiǎo dòng wù yào

做很多事,要清理牠的大小便,還要每天餵牠。
zuò hěn duō shì yào qīng lǐ tā de dà xiǎo biàn hái yào měi tiān wèi tā

A: 養牠就要照顧牠。
yǎng tā jiù yào zhào gù tā

A: 小明,你有養寵物嗎?
xiǎo míng nǐ yǒu yǎng chǒng wù ma

B: 有,我養了一隻狗、一隻貓和三條魚。
yǒu wǒ yǎng le yī zhī gǒu yī zhī māo hé sān tiáo yú

A: 是誰照顧牠們的?
shì shéi zhào gù tā men de

B: 是我和哥哥一起照顧的,我們每天餵牠們吃飯,幫
shì wǒ hé gē gē yī qǐ zhào gù de wǒ men měi tiān wèi tā men chī fàn bāng

牠們清理大小便,還要帶小狗去散步。
tā men qīng lǐ dà xiǎo biàn hái yào dài xiǎo gǒu qù sàn bù

對話練習 Conversation Practice

A: 媽媽，我想養小動物？
mā mā wǒ xiǎng yǎng xiǎo dòng wù

B: 你想養什麼小動物？
nǐ xiǎng yǎng shé mo xiǎo dòng wù

A: 我想養一隻狗。
wǒ xiǎng yǎng yī zhī gǒu

B: 養狗除了要每天餵它，還要帶牠出去大小便。
yǎng gǒu chú le yào měi tiān wèi tā hái yào dài tā chū qù dà xiǎo biàn

你可以做到嗎？
nǐ kě yǐ zuò dào ma

A: 養狗太多事情了，我還是養一隻鳥好了。
yǎng gǒu tài duō shì qíng le wǒ hái shì yǎng yī zhī niǎo hǎo le

A: 你喜歡養小動物嗎？
nǐ xǐ huān yǎng xiǎo dòng wù ma

B: _____。

A: 為什麼？
wèi shé mo

B: _____。

動物：十二生肖

鼠 mouse
shǔ

牛 cow
niu

虎 tiger
hǔ

兔 rabbit
tù

龍 dragon
lóng

蛇 snake
shé

馬 horse
mǎ

羊 goat
yáng

猴 monkey
hóu

雞 chicken
jī

狗 dog
gǒu

豬 pig
zhū

Do you know which animal you are in Chinese Zodiac?
If you were born in 2006, you are 狗 in 2007. 豬。 2008 –鼠， 2009- 牛
gǒu　　　　　　　zhū　　　shǔ　　　niu

我 属
wǒ shǔ _____ 。

118

第六課 Lesson 6　我的寵物

1. 寫拼音 Write pin-yin

Example: 寵物 →　chǒng　wù

- 動物 ＿＿＿＿＿＿＿
- 狗 ＿＿＿＿＿＿＿
- 鳥 ＿＿＿＿＿＿＿
- 魚 ＿＿＿＿＿＿＿
- 貓 ＿＿＿＿＿＿＿

- 養牠 ＿＿＿＿＿＿＿
- 餵牠 ＿＿＿＿＿＿＿
- 一隻 ＿＿＿＿＿＿＿
- 清理 ＿＿＿＿＿＿＿
- 公園 ＿＿＿＿＿＿＿

2. 連連看 Match the correct English meanings

馬　　　狗　　　貓　　　鳥　　　魚

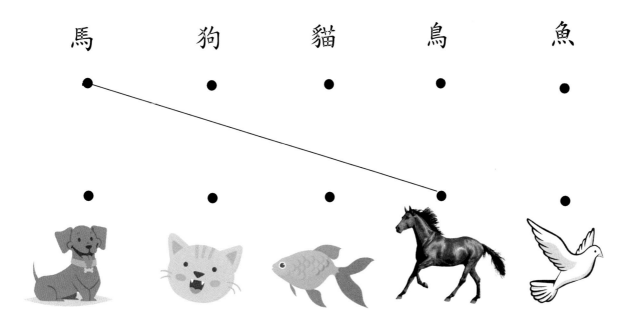

3. 寫寫看，讀讀看

Fill in the Chinese Zodiac blanks below and record them in Google voice, Dial 925-289-8007. Say your name first, and then record the animals.

鼠 mouse
shǔ

☐ cow

虎 tiger
hǔ

兔 rabbit
tù

龍 dragon
lóng

蛇 snake
shé

☐ horse

☐ goat

☐ monkey

雞 chicken
jī

☐ dog

豬 pig
zhū

4. 填填看 Fill in the blanks with the following measure words.

個　隻　條　本　張　天　杯　枝

1) 你知道哪一 ＿＿＿＿＿＿ 路可以到學校？
 nǐ zhī dào nǎ yī　　　　　　　 lù kě yǐ dào xué xiào

2) 桌上有一 ＿＿＿＿＿＿ 書，兩 ＿＿＿＿＿＿ 筆
zhuō shàng yǒu yī　　　　　　 shū liǎng　　　　　　 bǐ

3) 我很渴(thirsty)，我要想喝一 ＿＿＿＿＿ 水。
wǒ hěn kě　　　　　　 wǒ yào xiǎng hē yī　　　 shuǐ

4) 你知道哪一 ＿＿＿＿＿＿ 我們要去旅行嗎？
nǐ zhī dào nǎ yī　　　　　　 wǒ men yào qù lǚ xíng ma

5) 我喜歡看籃球，媽媽送我一 ＿＿＿＿＿ 球賽門票。
wǒ xǐ huān kàn lán qiú　　 mā mā sòng wǒ yī　　 qiú sài mén piào

6) 家裡有四 ＿＿＿＿ 人、三 ＿＿＿＿ 魚、兩 ＿＿＿＿ 鳥和
jiā lǐ yǒu sì　　 rén sān　　　 yú liǎng　　　 niǎo hé

一 ＿＿＿＿＿ 貓。
yī　　　　 māo

5.造句 Make your own sentences by using the phrases below

- …帶…去…

_____ 。

- 是誰…的？

_____ ？

6.填字 Use the Chinese words below to match the correct English meaning

清理　　餵　養　一隻狗　　兩隻貓　三條魚　　動物

寵物　　大小便　　牠　鳥在飛　　照顧

Feed 餵	raise	a dog
Clean	two cats	three fish
feces and urine	It	Pet
Birds are flying.	take care	animal

7. 圈生詞 Circle the phrases below and write them down

餵	認	真	練	習
飯	識	字	清	理
餐	廳	送	水	慶
館	運	禮	果	祝
樓	動	物	園	福

餵飯				

8. 選擇題 multiple choice

（　　　）Ⓐ放假 Ⓑ上學 Ⓒ工作 Ⓓ放東西　了，媽媽帶我們去玩。

（　　　）Ⓐ暑假 Ⓑ寒假 Ⓒ春假 Ⓓ週末　的時候，我們去看雪。

（　　　）我喜歡Ⓐ旅行 Ⓑ加班 Ⓒ遊行　去不同的地方認識新事物

（　　　）爸爸的Ⓐ工作 Ⓑ打工 Ⓒ假期 Ⓓ休息　很忙，很辛苦。

（　　　）他的中文很Ⓐ沒錯Ⓑ不錯Ⓓ錯　知道很多中文字。

（　　　）你知道　Ⓐ養Ⓑ樣 Ⓒ洋 Ⓓ羊　小動物不容易嗎?

（　　　）我家有兩 Ⓐ條Ⓑ隻 Ⓒ個 Ⓓ張　狗，每天要去散步。

（　　　）他有很多 Ⓐ條Ⓑ隻 Ⓒ個 Ⓓ張　魚，有紅色，還有藍色。

（　　　）妹妹每天　Ⓐ清理Ⓑ餵Ⓒ散步Ⓓ照顧　狗的大小便。

（　　　）哥哥每天要 Ⓐ清理Ⓑ餵Ⓒ散步Ⓓ照顧　他的貓吃東西。

（　　　）我喜歡去動物Ⓐ員Ⓑ遠Ⓒ圓Ⓓ園　看動物。

9 聽力　Choose the correct answer

聽力一

(　) A. 一條　B. 一隻　C. 一本　D. 一張

(　) A. 一條　B. 一隻　C. 一本　D. 一張

(　) A. 動物　B. 食物　C. 寵物　D. 運動

(　) A. 動物　B. 食物　C. 寵物　D. 運動

聽力二

(　) A. 魚　　B. 鳥　　C. 貓　　D. 狗

(　) A. 魚　　B. 鳥　　C. 貓　　D. 狗

(　) A. 魚　　B. 鳥　　C. 貓　　D. 狗

(　) A. 魚　　B. 鳥　　C. 貓　　D. 狗

聽力三

(　) A. 清理　B. 餵　　C. 養　　D. 照顧

(　) A. 清理　B. 餵　　C. 養　　D. 照顧

(　) A. 清理　B. 餵　　C. 養　　D. 照顧

(　) A. 動物園　B. 植物園　C. 公園　D. 花園

10. 打字練習 Type the answers below and email to chunling37@hotmail.com

Q: 你想養小動物嗎?為什麼?

A: _____ 。

Q: 為什麼人要養小動物?

A: 因為_____ 。

因為_____ 。

因為_____ 。

Q: 為什麼人不要養小動物?

A: 因為_____ 。

因為 _____ 。

因為_____ 。

房 W4_L7	間 W4_L7	廚 W4_L7
澡 W4_L7	睡 W4_L7	覺 W4_L7
床 W4_L7	進 W4_L7	坐 W4_L7
經 W4_L7	東 W4_L7	西 W4_L7
洗澡 W4_L7	房間 W4_L7	經過 W4_L7

Name: _____

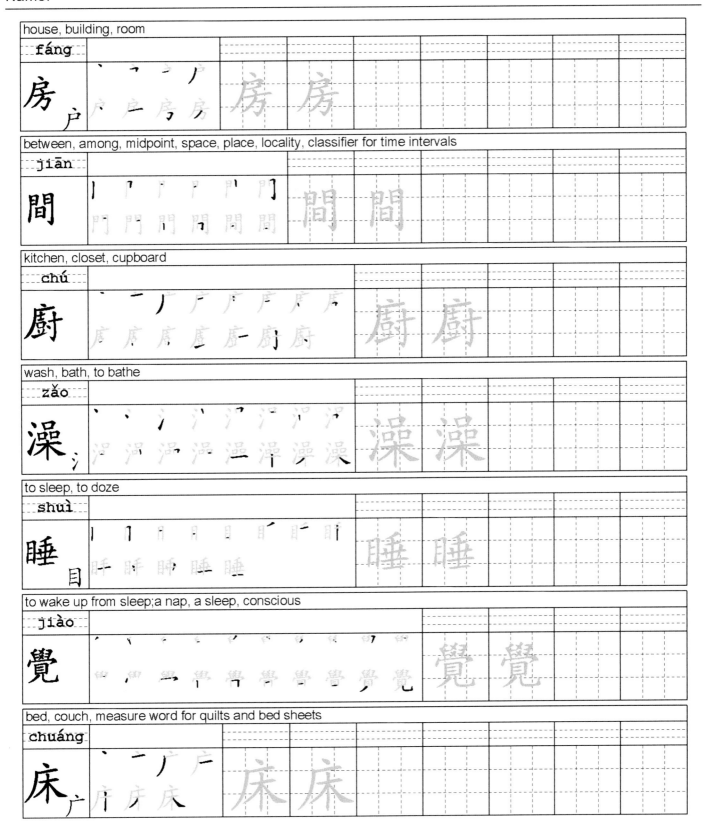

house, building, room
fáng
房

between, among, midpoint, space, place, locality, classifier for time intervals
jiān
間

kitchen, closet, cupboard
chú
廚

wash, bath, to bathe
zǎo
澡

to sleep, to doze
shuì
睡

to wake up from sleep;a nap, a sleep, conscious
jiào
覺

bed, couch, measure word for quilts and bed sheets
chuáng
床

Name:

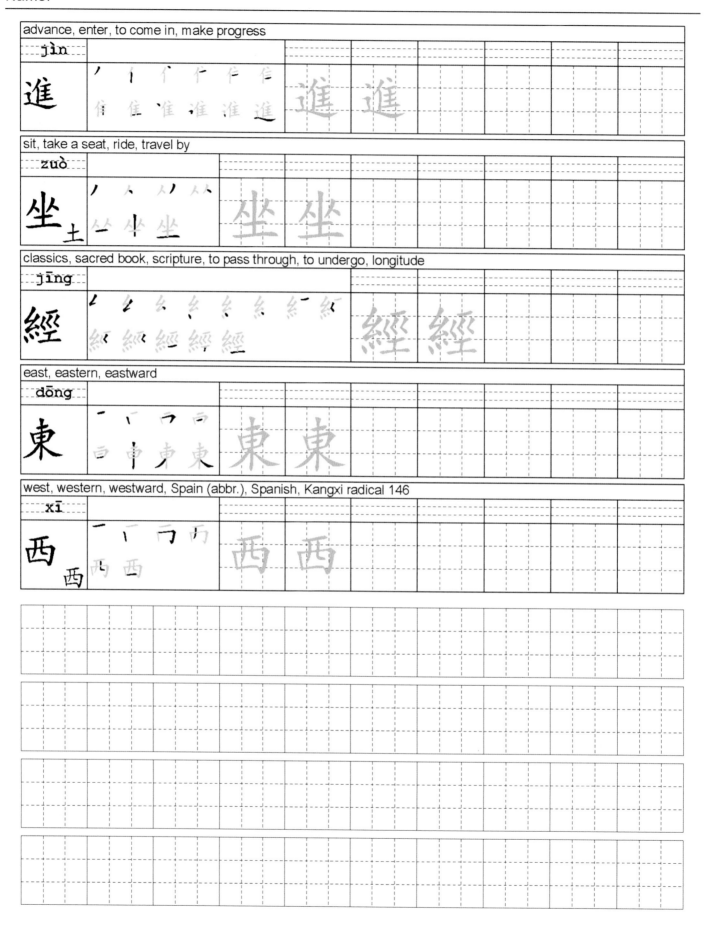

	advance, enter, to come in, make progress
jìn	
進	⼃ ⼁ ⼂ ⼂ ⼂ ⼂ / 隹 隹 隹 進 進 進

	sit, take a seat, ride, travel by
zuò	
坐	⼃ ⼈ ⼈ ⼈ / 坐 坐 坐 坐

	classics, sacred book, scripture, to pass through, to undergo, longitude
jīng	
經	⼂ ⼂ ⼂ ⼂ ⼂ ⼂ ⼂ 紅 紅 / 紅 紅 經 經 經

	east, eastern, eastward
dōng	
東	⼀ ⼀ ⼀ ⼀ / ⼀ ⼀ 東 東

	west, western, westward, Spain (abbr.), Spanish, Kangxi radical 146
xī	
西	⼀ ⼀ ⼀ ⼀ / 西 西

Name:

kitchen						
chú	fáng					
廚	房					

living room						
kè	tīng					
客	廳					

room						
fáng	jiān					
房	間					

bedroom						
shuì	fáng					
睡	房					

to go to bed, to sleep						
shuì	jiào					
睡	覺					

bath-room, bathroom, shower room, public bathhouse						
yù	shì					
浴	室					

Name:

to bathe, to take a shower						
xǐ	zǎo					
洗	澡					

thing, stuff, east and west						
dōng	xī					
東	西					

building, house, room						
fáng	zi					
房	子					

to come in						
jìn	lái					
進	來					

to go in						
jìn	qù					
進	去					

pass, go through, as a result of						
jīng	guò					
經	過					

Name:

go to bed						
shàng	chuáng					
上	床					

between,intermediate,mid,middle						
zhōng	jiān					
中	間					

study, study room						
shū	fáng					
書	房					

第七課 Lesson 7 家裡房間

朗讀 chant

客廳廚房和飯廳，睡房客房加書房。
kè tīng chú fáng hé fàn tīng　shùi fáng kè fáng jiā shū fáng

吃飯洗澡和睡覺，我家房間真有用。
chī fàn xǐ zǎo hé shùi jiào　wǒ jiā fáng jiān zhēn yǒu yòng

生字生詞 Vocabulary

廚房，客廳，房間，睡房，睡覺，浴室，

洗澡，東西，房子，進來，進去，經過，

上床，中間，書房

Quizlet Practice

https://quizlet.com/38596019/go-chinese-400_lesson-6_traditional-flash-cards

說一說

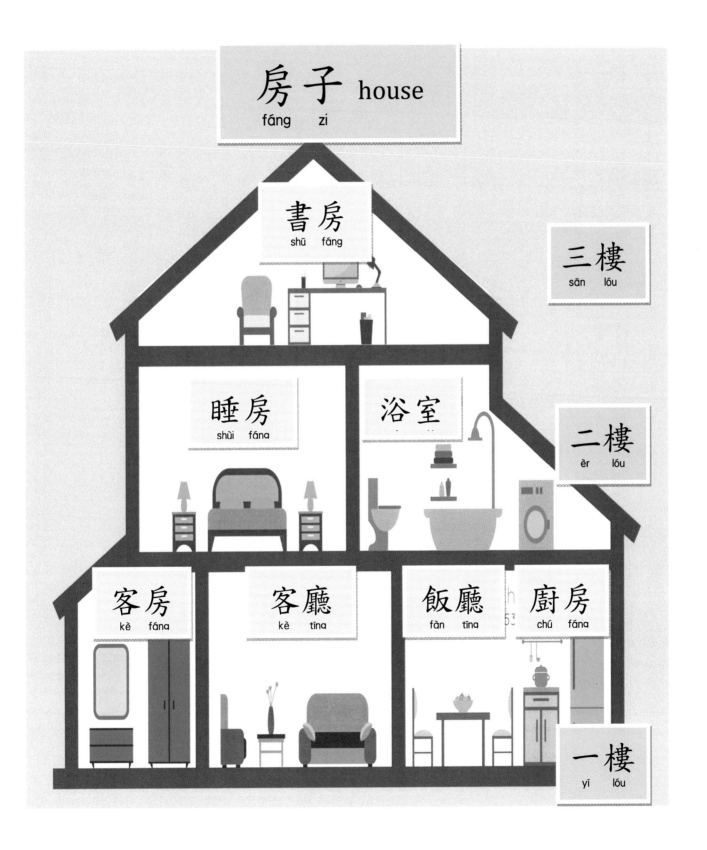

房子 house
fáng zi

書房
shū fáng

三樓
sān lóu

睡房
shùi fáng

浴室

二樓
èr lóu

客房
kè fáng

客廳
kè tīng

飯廳
fàn tīng

廚房
chú fáng

一樓
yī lóu

句型文法與練習 Grammar Practice

Verb+ 過

我吃過東西了。

_____過 _____。（哥哥/洗澡了）

_____過 _____。（我沒有/玩電腦遊戲）

經過 (location)

從我的睡房到廁所，會經過爸媽的睡房。

_____經過 _____。（從教室到辦公室/廁所）

_____經過 _____。（從公園到市場/圖書館）

經過 (time)

經過兩年，弟弟已經長很高了。

經過_____，_____。（三年/我的中文更好了）

經過_____，_____。（兩個月/花開得更多了）

方位 (directions)

西北
xī běi
NW

北
běi
N

東北
dōng běi
NE

西
xī
W

東
dōng
E

西南
xī nán
SW

南
nán
S

東南
dōng nán
SE

A: 你家有幾個房間？
 nǐ jiā yǒu jǐ ge fáng jiān

B: 我家有四個房間，三間睡房和一間客房。
wǒ jiā yǒu sì ge fáng jiān　sān jiān shuì fáng hé yī jiān kè fáng

A: 你在哪裡寫作業？
nǐ zài nǎ lǐ xiě zuò yè

B: 我在我的睡房寫作業。
wǒ zài wǒ de shuì fáng xiě zuò yè

A: 小明，媽媽在家嗎？
xiǎo míng　mā mā zài jiā ma

B: 在，她在廚房做飯。你要找她嗎？
zài　tā zài chú fáng zuò fàn　nǐ yào zhǎo tā ma

A: 是，我可以進來嗎？
shì　wǒ kě yǐ jìn lái ma

B: 請進。往前走，經過客廳，你就可以看到廚房了。
qǐng jìn　wǎng qián zǒu　jìng guò kè tīng　nǐ jiù kě yǐ kàn dào chú fáng le

對話練習　Conversation Practice

A: 請進，這就是我家。
　　qǐng jìn　zhè jiù shì wǒ jiā

B: 你家客廳好大。你的房間在哪裡？
　　nǐ jiā kè tīng hǎo dà　nǐ de fáng jiān zài nǎ lǐ

A: 在二樓。上樓後，左邊第一間就是我的房間。
　　zài èr lóu　shàng lóu hòu　zuǒ biān dì yī jiān jiù shì wǒ de fáng jiān

A: 你最喜歡你家哪一個房間？
　　nǐ zuì xǐ huān nǐ jiā nǎ yī ge fáng jiān

B: ＿＿＿＿＿＿＿＿＿＿＿＿＿。

A: 為什麼？
　　wèi shé mo

B: ＿＿＿＿＿＿＿＿＿＿＿＿＿。

A: 你在那裡做什麼？
　　nǐ zài nǎ lǐ zuò shé mo

B: ＿＿＿＿＿＿＿＿＿＿＿＿＿。

第七課 Lesson 7　家裡房間

1. 寫拼音 Write pin-yin

Example: 房間 → fáng jiān

- 客廳 ＿＿＿＿＿＿
- 東西 ＿＿＿＿＿＿
- 廚房 ＿＿＿＿＿＿
- 洗澡 ＿＿＿＿＿＿
- 飯廳 ＿＿＿＿＿＿
- 睡覺 ＿＿＿＿＿＿
- 浴室 ＿＿＿＿＿＿
- 進來 ＿＿＿＿＿＿
- 睡房 ＿＿＿＿＿＿
- 經過 ＿＿＿＿＿＿

2.連連看 Match the correct English meanings

客廳　　　浴室　　　廚房　　　飯廳　　　睡房

Bathroom　　kitchen　　dining room　　living room　　bedroom

3. 畫畫看，寫寫看 Use the words below to show the floor plan of your house.

大門 客廳 廚房 睡房 餐廳 浴室
dà mén　kè tīng　chú fáng　shùi fáng　cān tīng　yù shì

前院(front yard)　後院(backyard)　車庫(garage)
qián yuàn　　　　hòu yuàn　　　　chē kù

4. 填填看 Fill in the blanks with the following direction words.

東　南　西　北　左　右　前　後

1) 太陽從 ＿＿＿＿＿ 邊升起(rise) ＿＿＿＿＿ 邊落下(set)。
tài yáng cóng　　　　　biān shēng qǐ　　　　　biān lùo xià

2) 我有兩隻手，一隻＿＿＿＿＿手，一隻＿＿＿＿＿手。
wǒ yǒu liǎng zhī shǒu，yì zhī　　　　shǒu，yì zhī　　　　shǒu

3) 加州(California)在美國(U.S.) ＿＿＿＿邊。
jiā zhōu　　　　　　　zài měi guó　　　　　　biān

4) 舊金山灣區(San Francisco Bay area)在加州＿＿＿＿＿邊
jiù jīn shān wàn qū　　　　　　　　　　　zài jiā zhōu　　　　　biān

洛杉磯(Los Angles)在加州＿＿＿＿＿邊。
lùo shān jī　　　　　　　zài jiā zhōu　　　biān

5) 我喜歡和小狗跑步，狗在＿＿＿＿＿面跑，
wǒ xǐ huān hé xiǎo gǒu pǎo bù，gǒu zài　　　　　miàn pǎo

我在 ＿＿＿＿＿面追。
wǒ zài　　　　　miàn zhuī

5.造句 Make your own sentences by using the phrases below

- ⋯經過⋯

  _____ 。

- ⋯過⋯

  _____ 。

6. 填空 Fill in the blanks with 進來(come in)、 進去(go in)

- 這間餐廳人太多了，我們不要再 _____ 了。

- 外面下大雨，老師在教室裡說：「同學，趕快_____！」

- 媽媽的手機(cell phone)打不 _____ ，我找不到她。

- 對不起，有電話打 _____ 了，我得去接。

- 我洗澡後， 要_____睡房睡覺了。

7. 讀一讀和打字

Fill in the blanks below and record them in Google voice Dial 925-289-8007
. Type the sentences and email to chunling37@hotmail.com

我們家有 _____ 個 _____ (rooms)。
wǒ men jiā yǒu   ge

_____ (living room) 是大家看電視的地方。
                        shì dà jiā kàn diàn shì de dì fāng

_____ (kitchen)是我們煮飯的地方。
                   shì wǒ men zhǔ fàn de dì fāng

_____ (dining room)是我們吃飯的地方。
                        shì wǒ men chī fàn de dì fāng

_____ (bathroom)是我們 _____ (take a shower/bath)的地方。
                     shì wǒ men   de dì fāng

_____ (bedroom)是我們 _____ (sleep)的地方。
                    shì wǒ men   de dì fāng

8. 選擇題 multiple choice

(　　) 你知道　Ⓐ養Ⓑ樣　Ⓒ洋　Ⓓ羊　　小動物不容易嗎？

(　　) 他有很多　Ⓐ條Ⓑ隻　Ⓒ個　Ⓓ張　　魚，有紅色，還有藍色。

(　　) 妹妹每天　Ⓐ清理Ⓑ餵Ⓒ散步Ⓓ照顧　　狗的大小便。

(　　) 哥哥每天要　Ⓐ清理Ⓑ餵Ⓒ散步Ⓓ照顧　　他的貓吃東西。

(　　) 弟弟去浴室Ⓐ洗澡Ⓑ看書　Ⓒ吃飯　Ⓓ睡覺。

(　　) 晚上九點了，我要去睡房　Ⓐ洗澡Ⓑ看書Ⓒ吃飯Ⓓ睡覺。

(　　) 這是誰的　Ⓐ東西Ⓑ南北Ⓒ西東　？

(　　) 你每天上學會Ⓐ吃過Ⓑ經過Ⓒ看過公園嗎？

(　　) 有人打電話Ⓐ進來　Ⓑ出來　Ⓒ進去　Ⓓ出去　，我要去接。

(　　) 媽媽喜歡煮飯，常常在Ⓐ房間Ⓑ客廳Ⓒ餐廳Ⓓ廚房！

(　　) 太陽從(Ⓐ北　Ⓑ東　Ⓒ西)邊升起(rise)，(Ⓐ南　Ⓑ西　Ⓒ東)邊落下(set)。

9 聽力 Choose the correct answer

聽力一

(   ) A. 一間   B. 房子   C. 房間   D. 中間

(   ) A. 客廳   B. 餐廳   C. 飯廳   D. 廁所

(   ) A. 飯館   B. 餐廳   C. 飯廳   D. 客廳

(   ) A. 廚房   B. 睡房   C. 客房   D. 書房

聽力二

(   ) A. 廚房   B. 廁所   C. 客房   D. 浴室

(   ) A. 廚房   B. 廁所   C. 客房   D. 浴室

(   ) A. 經過   B. 進去   C. 進來   D. 起來

(   ) A. 東邊   B. 東西   C. 南北   D. 西邊

聽力三

(   ) A. 清理   B. 吃飯   C. 睡覺   D. 洗澡

(   ) A. 清理   B. 吃飯   C. 睡覺   D. 洗澡

(   ) A. 上桌   B. 上床   C. 上車   D. 下床

(   ) A. 坐下   B. 坐車   C. 請坐   D. 做事

Q: 你家有哪些房間?

A: _____ 。

Q: 你最喜歡家裡哪個房間?為什麼?

A: 我最喜歡_____,

因為_____ 。

Q: 你最不喜歡家裡哪個房間?為什麼?

A: 我最不喜歡_____,

因為_____ 。

筷 W4_L8	刀 W4_L8	叉 W4_L8
碗 W4_L8	盤 W4_L8	湯 W4_L8
匙 W4_L8	口 W4_L8	慢 W4_L8
費 W4_L8	輕 W4_L8	把 W4_L8
中餐 W4_L8	西餐 W4_L8	小費 W4_L8

Name: _____

chopstick					
kuài					
筷 竹	ノ ト ト ト ゲ ゲ ゲ ゲ ゲ 竹 竹 竹 笋 筷 筷		筷 筷		

knife, blade, single-edged sword, Kangxi radical 18, (slang) dollar					
dāo					
刀 刀	フ 刀		刀 刀		

fork, pitchfork, prong, pick, cross, intersect,					
chā					
叉 又	フ 又		叉 叉		

bowl, small dish, cup, measure word for food or drink					
wǎn					
碗 石	一 ノ ナ 石 石 石 石 石 砂 砂 砂 砂 碗		碗 碗		

dish, tray, plate, to build, to check, to examine, to transfer, classifier for food (dish and helping), to coil, classifier for ｃ					
pán					
盤	ノ 丿 刀 月 身 身 舟 般 般 般 般 般 般 盤		盤 盤		

soup, hot water, broth, gravy					
tāng					
湯	丶 丶 氵 氵 氵 汀 汩 渭 湯 湯 湯		湯 湯		

spoon					
chí					
匙 匕	丨 刀 一 日 旦 旦 旦 足 是 是 匙		匙 匙		

Name:

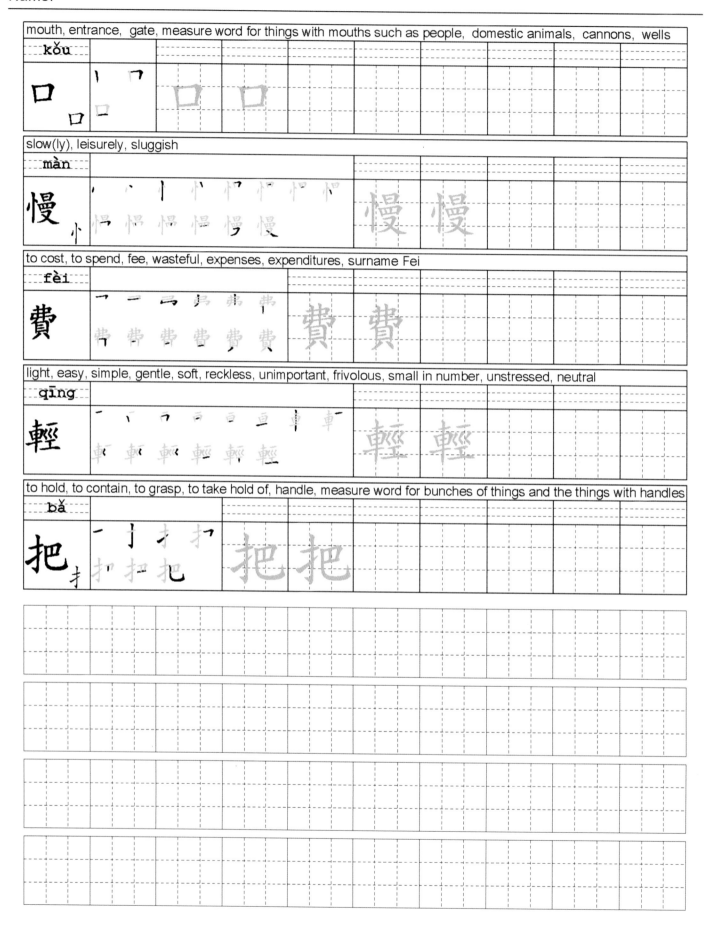

mouth, entrance, gate, measure word for things with mouths such as people, domestic animals, cannons, wells

kǒu

slow(ly), leisurely, sluggish

màn

to cost, to spend, fee, wasteful, expenses, expenditures, surname Fei

fèi

light, easy, simple, gentle, soft, reckless, unimportant, frivolous, small in number, unstressed, neutral

qīng

to hold, to contain, to grasp, to take hold of, handle, measure word for bunches of things and the things with handles

bǎ

Name:

chopsticks						
kuài	zi					
筷	子					

knife						
dāo	zi					
刀	子					

fork						
chā	zi					
叉	子					

tray, plate, dish						
pán	zǐ					
盤	子					

a bowl of rice						
yī	wǎn	fàn				
一	碗	飯				

tablespoon,soupspoon						
tāng	chí					
湯	匙					

Name:

Chinese food, Chinese meal							
zhōng	cān						
中	餐						

Western-style food							
xī	cān						
西	餐						

Enjoy your meal!							
màn	màn	chī					
慢	慢	吃					

put gently							
qīng	qīng	fàng					
輕	輕	放					

drink soup							
hē	tāng						
喝	湯						

eat a mouth of noodles							
chī	yī	kǒu	miàn				
吃	一	口	麵				

Name:

tip						
xiǎo	fèi					
小	費					

finish your meal						
bǎ	fàn	chī	wán			
把	飯	吃	完			

第八課 Lesson 8 我用餐具

朗讀 chant

筷子湯匙和碗盤，刀子叉子加盤子，
kuài zi tāng chí hé wǎn pán　dāo zi chā zi jiā pán zi

中餐西餐我都愛，一口一口慢慢吃。
zhōng cān xī cān wǒ dōu ài　yī kǒu yī kǒu màn màn chī

生字生詞 Vocabulary

筷子，刀子，叉子，盤子，一碗飯，湯匙，
中餐，西餐，慢慢吃，輕輕放，喝湯，小費，
吃一口飯，把飯吃完

Quizlet Practice

https://quizlet.com/35965072/go-chinese-400_lesson-7_traditional-flash-cards/

餐具 utensils
cān jù

碗
wǎn

筷子
kuài zi

杯子
bēi zi

湯匙
tāng chí

叉子
chā zi

盤子
pán zi

中餐
zhōng cān

西餐
xī cān

刀子
dāo zi

句型文法與練習 Grammar Practice

> **Subject + 把 + object + verb. + complement**

我吃完飯了=>我把飯吃完了。

姐姐洗好碗了　=>_____把 _____。

弟弟寫完功課了=>_____把 _____。

媽媽打開門了　=>_____把 _____。

外公放下筷子了=>_____把 _____。

> **…都可以，…都**

打籃球、打棒球都可以，我們都喜歡。

_____都可以，_____都 _____。

(去公園、去運動場/哥哥/知道怎麼去)

_____都可以，_____都 _____。

(搭公車、搭地鐵/我們/知道怎麼坐)

對話練習 Conversation Practice

A: 你喜歡吃中餐還是西餐？
nǐ xǐ huān chī zhōng cān hái shì xī cān

B: 中餐和西餐，我都喜歡。
zhōng cān hé xī cān wǒ dōu xǐ huān

A: 你會用筷子嗎？
nǐ huì yòng kuài zi ma

B: 我會用筷子。
wǒ huì yòng kuài zi

A: 你會用刀叉嗎？
nǐ huì yòng dāo chā ma

B: 我會用刀叉。筷子和刀叉都可以，我都會用。
wǒ huì yòng dāo chā kuài zi hé dāo chā dōu kě yǐ wǒ dōu huì yòng

A: 你們今天晚上想吃什麼？
nǐ men jīn tiān wǎn shàng xiǎng chī shé mo

B: 我想吃中餐。前面那家餐廳的炒飯(fried rice)很好吃。
wǒ xiǎng chī zhōng cān qián miàn nǎ jiā cān tīng de chǎo fàn hěn hǎo chī

A: 好，我們晚上就去那家餐廳吃飯。
hǎo wǒ men wǎn shàng jiù qù nǎ jiā cān tīng chī fàn

對話練習 Conversation Practice

A: 你好，請問你們幾個人?
ni hǎo qǐng wèn nǐ men jǐ ge rén

B: 我們一共三個人。
wǒ men yī gòng sān ge rén

A: 請等一下，我請服務生(waiter)帶你們進去。
qǐng děng yī xià wǒ qǐng fú wù shēng dài nǐ men jìn qù

C: 這邊請。
zhè biān qǐng

A: 請問你們要吃什麼?
qǐng wèn nǐ men yào chī shé mo

B: 我要一盤炒飯，還要一盤菜和一碗湯。
wǒ yào yī pán chǎo fàn hái yào yī pán cài hé yī wǎn tāng

C: 我要一碗湯麵。
wǒ yào yī wǎn tāng miàn

D: 我也要一碗湯麵。
wǒ yě yào yī wǎn tāng miàn

A: 我不會用筷子，可以給我一個叉子嗎?
wǒ bú huì yòng kuài zi kě yǐ gěi wǒ yī ge chā zi ma

B: 可以。
kě yǐ

中餐與西餐餐桌禮儀 Chinese and Western Table Manners

- 主客(main guest)坐在離門最遠
  zhǔ kè　　　　　zuò zài lí mén zuì yuǎn
  的地方。
  de dì fāng
- 喝湯不可以發出聲音。
  hē tāng bú kě yǐ fā chū shēng yīn
- 不可以拿筷子敲(knock)碗。
  bú kě yǐ ná kuài zi qiāo　　　wǎn
- 不可以拿筷子指著別人說話。
  bú kě yǐ ná kuài zi zhǐ zhe bié rén shuō huà

- 主客坐在第一個上菜的位置。
  zhǔ kè zuò zài dì yī ge shàng cài de wèi zhì
- 用餐時，使用餐具由外到內。
  yòng cān shí　　shǐ yòng cān jù yóu wài dào nèi
  (outside-in rules)
- 用叉子將食物送入口中。
  yòng chā zi jiāng shí wù sòng rù kǒu zhōng
- 不可以拿刀叉指著別人說話。
  bú kě yǐ ná dāo chā zhǐ zhe bié rén shuō huà

第八課 Lesson 8 我用餐具

1. 寫拼音 Write pin-yin

Example: 餐具 → cān jù

- 筷子 ＿＿＿＿＿＿＿
- 刀子 ＿＿＿＿＿＿＿
- 叉子 ＿＿＿＿＿＿＿
- 湯匙 ＿＿＿＿＿＿＿
- 盤子 ＿＿＿＿＿＿＿

- 一碗飯＿＿＿＿＿＿＿
- 慢慢吃＿＿＿＿＿＿＿
- 中餐 ＿＿＿＿＿＿＿
- 輕輕放＿＿＿＿＿＿＿
- 小費 ＿＿＿＿＿＿＿

2. 連連看 Match the correct English meanings

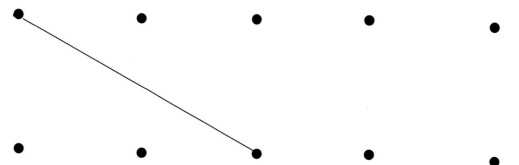

刀叉　　　碗盤　　　小費　　　筷子　　　把飯吃完

Bowl and plate　　tips　　knife and fork　　finish the meal　　chopsticks

3. 寫寫看說說看 Use the words below to write in Chinese and record it in Google voice 925-289-8007 or recap https://app.letsrecap.com/

一雙筷子　一把刀子　一盤麵　一杯咖啡
yī shuāng kuài zi　　yī bǎ dāo zi　　yī pán miàn　　yī bēi kā fēi

一個湯匙　一碗湯　中餐　西餐　一個叉子
yī ge tāng chí　　yī wǎn tāng　　zhōng cān　　xī cān　　yī ge chā zi

163

4. 填填看 Fill in the blanks with the following measure words

張 zhāng	個 ge	盤 pán	杯 bēi	碗 wǎn	雙 shuāng	隻 zhī	條 tiáo

1) 桌上有一＿＿＿＿叉子和一＿＿＿＿刀子。
   zhuō shàng yǒu yī ＿＿＿＿ chā zi hé yī ＿＿＿＿ dāo zi

2) 我有很多＿＿＿＿紙，可以用來寫字。
   wǒ yǒu hěn duō ＿＿＿＿ zhǐ kě yǐ yòng lái xiě zì

3) 弟弟每天早上都喝一＿＿＿＿牛奶。
   dì di měi tiān zǎo shàng dōu hē yī ＿＿＿＿ niú nǎi

4) 今天晚餐我吃了兩＿＿＿＿飯，吃得太飽了。
   jīn tiān wǎn cān wǒ chī le liǎng ＿＿＿＿ fàn chī dé tài bǎo le

5) 今天外公生日，媽媽做了很多＿＿＿＿菜。
   jīn tiān wài gōng shēng rì mā mā zuò le hěn duō ＿＿＿＿ cài

6) 小明養了一＿＿＿＿隻小狗和三＿＿＿＿小魚。
   xiǎo míng yǎng le yī ＿＿＿＿ zhī xiǎo gǒu hé sān ＿＿＿＿ xiǎo yú

7) 我們家有四個人，餐桌上有四＿＿＿＿筷子。
   wǒ men jiā yǒu sì ge rén cān zhuō shàng yǒu sì ＿＿＿＿ kuài zi

8) 她家很大，有很多＿＿＿＿房間。
   tā jiā hěn dà yǒu hěn duō ＿＿＿＿ fáng jiān

5. 翻譯 Use "把" translate the sentences in Chinese

- My little brother broke the cup.

  我弟弟把杯子打破了

- Please (you) open the door.

  _____

- He finished his homework.

  _____

- She spent all money!

  _____

6. 填填看 Fill in the blanks with 用、把、放、拿、打

- 我會 _____筷子吃飯。

- 八點了，姐姐_____功課寫完了。

- 可以請你把那本書 _____給我嗎？

- 對不起，有人 _____電話來了，我得去接。

- 碗盤要輕輕 _____，不要打破了。

7. 畫一畫和打字 Draw a picture of each item listed below in correct meal.

一雙筷子 一個叉子 一個湯匙　一把刀子　一杯水　一杯茶 一盤pasta　一碗飯

Then type Chinese sentences and email to chunling37@hotmail.com
.For example:我要吃中餐。我用一雙筷子和一個湯匙。我吃了 一碗飯。

中餐

西餐

8. 選擇題 multiple choice

(　　　) 弟弟去浴室Ⓐ洗澡Ⓑ看書 Ⓒ吃飯 Ⓓ睡覺。

(　　　) 晚上九點了，我要去睡房 Ⓐ洗澡Ⓑ看書Ⓒ吃飯Ⓓ睡覺。

(　　　) 這是誰的 Ⓐ東西Ⓑ南北Ⓒ西東 ？

(　　　) 你每天上學會Ⓐ吃過Ⓑ經過Ⓒ看過公園嗎?

(　　　) 有人打電話Ⓐ進來 Ⓑ出來 Ⓒ進去 Ⓓ出去 ，我要去接。

(　　　) 媽媽喜歡煮飯，常常在Ⓐ房間Ⓑ客廳Ⓒ餐廳Ⓓ廚房!

(　　　) 小明喜歡吃西餐，用Ⓐ筷子 Ⓑ刀叉 Ⓒ碗 Ⓓ湯匙 吃肉。

(　　　) 我喜歡吃中餐，用Ⓐ筷子 Ⓑ刀叉 Ⓒ碗 Ⓓ湯匙 吃飯。

(　　　) 今天外公生日，媽媽做很多Ⓐ隻 Ⓑ杯 Ⓒ碗 Ⓓ盤 菜。

(　　　) 請你Ⓐ輕輕 Ⓑ重重 Ⓒ下下 把門關上。

(　　　) 吃飯要Ⓐ筷筷Ⓑ快快Ⓒ慢慢 吃,才不會肚子痛(stomach ache)

(　　　) 西餐中餐都可以，我Ⓐ都 Ⓑ又 Ⓒ還 喜歡。

(　　　) 弟弟Ⓐ把 Ⓑ放 Ⓒ用 功課寫完了，可以出去玩了。

(　　　) 去餐廳吃飯，要給 Ⓐ學費 Ⓑ小費 Ⓒ大費。

9 聽力　Choose the correct answer

聽力一

(　　) A. 刀子　　B. 叉子　C. 筷子　D. 盤子

(　　) A. 刀子　　B. 叉子　C. 筷子　D. 盤子

(　　) A. 刀子　　B. 叉子　C. 筷子　D. 盤子

(　　) A. 刀子　　B. 叉子　C. 筷子　D. 盤子

聽力二

(　　) A. 中餐　　B. 西餐　C. 餐廳　D. 客廳

(　　) A. 中餐　　B. 西餐　C. 餐廳　D. 客廳

(　　) A. 一碗飯 B. 一盤麵 C. 一碗湯 D. 一杯水

(　　) A. 一碗飯 B. 一盤麵 C. 一碗湯 D. 一杯水

聽力三

(　　) A. 快快　　B. 慢慢　　C. 輕輕　　D. 清理

(　　) A. 湯碗　　B. 茶匙　　C. 茶杯　　D. 湯匙

(　　) A. 費用　　B. 小費　　C. 學費　　D. 車費

(　　) A. 把門關上　　B. 放在桌上　　C. 用筷子吃

10. 打字練習 Type the answers below and email to <u>chunling37@hotmail.com</u>

Q:你喜歡吃中餐還是西餐?

A: _____ 。

Q:你用什麼吃中餐/西餐?(pick one)

A: 我用_____ 。

Q:吃中餐/西餐要注意什麼? (List two manners for each)

A: 吃中餐要注意_____,還有

_____ 。

吃西餐要注意_____,還有

_____ 。

律 W4_L9	演 W4_L9	員 W4_L9
警 W4_L9	商 W4_L9	店 W4_L9
職 W4_L9	興 W4_L9	趣 W4_L9
直 W4_L9	需 W4_L9	或 W4_L9
職業 W4_L9	興趣 W4_L9	需要 W4_L9

Name:

law, statute, principle, regulation, to discipline, to control, to restrain

lǜ

律

to perform, to put on, to exercise, to develop, to evolve, to practice, to perform, to play, to act

yǎn

演

person, employee, member, staff member

yuán

員

to guard, to watch, to warn, to admonish, alert, alarm, police

jǐng

警

commerce, business, trade

shāng

商

shop, store, inn, hotel

diàn

店

duty, profession, office, post

zhí

職

Name:

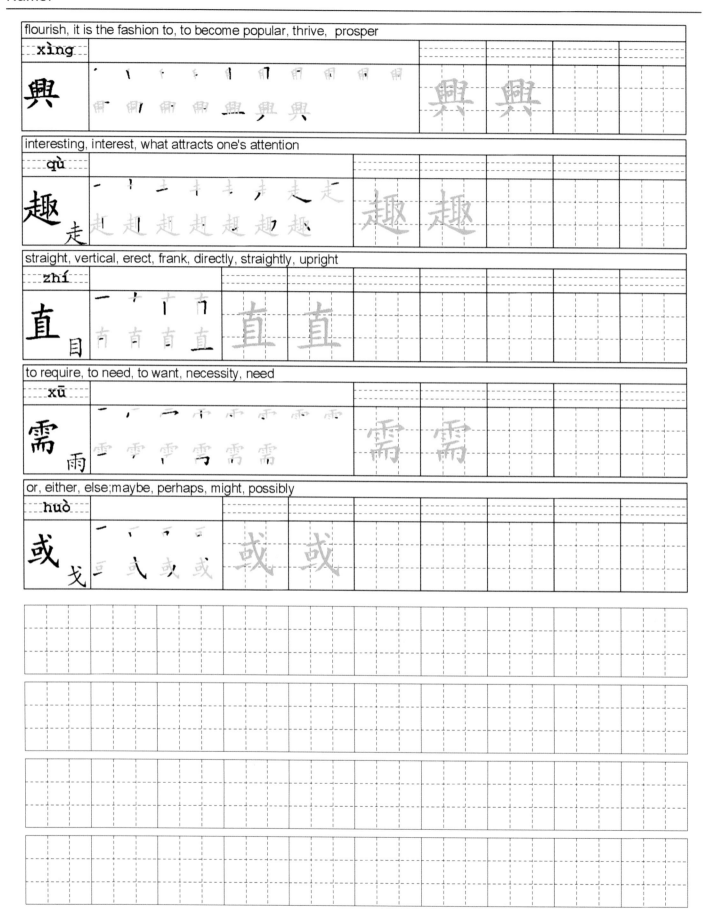

flourish, it is the fashion to, to become popular, thrive, prosper

xìng

興

interesting, interest, what attracts one's attention

qù

趣　走

straight, vertical, erect, frank, directly, straightly, upright

zhí

直　目

to require, to need, to want, necessity, need

xū

需　雨

or, either, else;maybe, perhaps, might, possibly

huò

或　戈

Name:

occupation,profession,vocation,professional						
zhí	yè					
職	業					

actor or actress, performer						
yǎn	yuán					
演	員					

cop, police, policeman						
jǐng	yuán					
警	員					

shop assistant,salesclerk,salesperson						
diàn	yuán					
店	員					

lawyer						
lǜ	shī					
律	師					

engineer						
gōng	chéng	shī				
工	程	師				

Name:

merchant,businessman						
shāng	rén					
商	人					

shop, store						
shāng	diàn					
商	店					

interest						
xìng	qù					
興	趣					

to need,to want,to demand,to require,requirement,need						
xū	yào					
需	要					

always, all along, straight						
yī	zhí					
一	直					

interesting,fascinating,amusing						
yǒu	qù					
有	趣					

第九課 Lesson 9 未來職業

朗讀 chant

商人律師工程師，警員演員或店員，
shāng rén lyù shī gōng chéng shī   jǐng yuán yǎn yuán huò diàn yuán

什麼職業都可以，需要自己有興趣。
shé mo zhí yè dōu kě yǐ   xū yào zì jǐ yǒu xìng qù

生字生詞 Vocabulary

職業，演員，警員，店員，醫師，廚師，

律師，老師，工程師，商人，商店，興趣，

需要，有趣，或，一直

Quizlet Practice

https://quizlet.com/208206678/go-400-lesson-10-work-and-occupations_traditional-flash-cards/

職業　occupations
zhí　yè

警員	廚師	店員	律師
jǐng yuán	chú shī	diàn yuán	lyù shī

醫師/醫生	老師	運動員	軍人(soldier)
yī shī yī shēng	lǎo shī	yùn dòng yuán	jūn rén

農民(farmer)	工人	工程師	演員
nóng mín	gōng rén	gōng chéng shī	yǎn yuán

句型文法與練習 Grammar Practice

| 一直 | + verb. | continuously |

我一直找不到教室。

_____一直_____。

（妹妹每天從早上九點/跳舞到下午兩點）

_____一直_____。

（我們/練習說中文，中文一定會進步）

| …或… | or |

打籃球或打棒球，我都喜歡。

_____或_____，_____。

（搭公車/搭地鐵都可以/我們都知道怎麼坐）

_____或_____，_____。

（用筷子/用叉子都可以/我都知道怎麼用）

對話練習 Conversation Practice

A: 你媽媽的職業是什麼？
nǐ mā mā de zhí yè shì shé mo

B: 我媽媽是醫生。你媽媽的職業是什麼？
wǒ mā mā shì yī shēng　nǐ mā mā de zhí yè shì shé mo

A: 我媽媽是老師。
wǒ mā mā shì lǎo shī

B: 你爸爸也是老師嗎？
nǐ bà bà yě shì lǎo shī ma

A: 不是，我爸爸是廚師。他自己開了一家中餐廳，就
bú shì wǒ bà bà shì chú shī tā zì jǐ kāi le yī jiā zhōng cān tīng jiù

在動物園旁邊，你坐地鐵就可以到。
zài dòng wù yuán páng biān nǐ zuò dì tiě jiù kě yǐ dào

A: 你媽媽在醫院工作累不累？
nǐ mā mā zài yī yuàn gōng zuò lèi bú lèi

B: 媽媽的工作很辛苦，有時晚上也需要工作。
mā mā de gōng zuò hěn xīn kǔ yǒu shí wǎn shàng yě xū yào gōng zuò

A: 我爸爸的工作也很辛苦，白天晚上都要工作。
wǒ bà bà de gōng zuò yě hěn xīn kǔ bái tiān wǎn shàng dōu yào gōng zuò

B: 每一種職業都很辛苦，最重要是要有興趣。
měi yī zhǒng zhí yè dōu hěn xīn kǔ zuì zhòng yào shì yào yǒu xìng qù

對話練習 Conversation Practice

A: 爸爸，放暑假了，我想去打工。
bà bà fàng shǔ jiǎ le wǒ xiǎng qù dǎ gōng

B: 你想去哪裡打工？
nǐ xiǎng qù nǎ lǐ dǎ gōng

A: 我想去餐廳打工。
wǒ xiǎng qù cān tīng dǎ gōng

B: 謝叔叔在餐廳當廚師，你可以請他幫忙問問看。
xiè shú shú zài cān tīng dāng chú shī nǐ kě yǐ qǐng tā bāng máng wèn wèn kàn

A: 你的興趣是什麼？
nǐ de xìng qù shì shé mo

B: 我的興趣是打球。
wǒ de xìng qù shì dǎ qiú

A: 你以後想做什麼工作？
nǐ yǐ hòu xiǎng zuò shé mo gōng zuò

B: 我以後想當職業運動員。我會一直努力練習，我希
wǒ yǐ hòu xiǎng dāng zhí yè yùn dòng yuán wǒ hùi yī zhí nǔ lì liàn xí wǒ xī

望可以打籃球或棒球。
wàng kě yǐ dǎ lán qiú huò bàng qiú

讀一讀／唱一唱：我的志願　詞、曲、主唱：李壽全

很小的時候　爸爸曾經問我　你長大後要做什麼
hěn xiǎo de shí hòu　bà bā zēng jīng wèn wǒ　nǐ cháng dà hòu yào zuò shé mo

我一手拿著玩具　一手拿著糖果　我長大後要做總統(president)
wǒ yì shǒu ná zhe wán jù　yì shǒu ná zhe táng guǒ　wǒ cháng dà hòu yào zuò zǒng tǒng

六年級的時候　老師也曾問我　你長大後要做什麼
liù nián jí de shí hòu　lǎo shī yě zēng wèn wǒ　nǐ cháng dà hòu yào zuò shé mo

愛迪生的故事　最讓我佩服(admire)　我長大要做科學家
ài dí shēng de gù shì　zuì ràng wǒ pèi fú　wǒ cháng dà yào zuò kē xué jiā

慢慢慢慢慢慢慢長大以後　認識的人越來越多
màn màn màn màn màn màn màn cháng dà yǐ hòu　rèn shi de rén yuè lái yuè duō

慢慢慢慢慢慢慢我才知道　總統只能有一個
màn màn màn màn màn màn màn wǒ cái zhī dào　zǒng tǒng zhǐ néng yǒu yí ge

慢慢慢慢慢慢慢我才知道　科學家也不太多
màn màn màn màn màn màn màn wǒ cái zhì dào　kē xué jiā yě bú tài duō

中學的時候　作文的題目　你的志願是什麼
zhōng xué de shí hòu　zuò wén de tí mù　nǐ de zhì yuàn shì shé mo

耳邊又響起　母親的叮嚀(repeatedly advise)　醫生、律師都不錯
ěr biān yòu xiǎng qǐ　mǔ qīn de dīng níng　yī shēng　lyǜ shī dōu bú cuò

回想報名時候　心裡毫無選擇　志願填了一百多
huí xiǎng bào míng shí hòu　xīn lǐ háo wú xuǎn zé　zhì yuàn tián le yì bǎi duō

慢慢慢慢慢慢慢長大以後　認識的人越來越多
màn màn màn màn màn màn màn cháng dà yǐ hòu　rèn shi de rén yuè lái yuè duō

慢慢慢慢慢慢慢我才知道　每個人都差不多
màn màn màn màn màn màn màn wǒ cái zhī dào　měi ge rén dōu chā bú duō

慢慢慢慢慢慢慢我才知道　我的志願
màn màn màn màn màn màn màn wǒ cái zhì dào　wǒ de zhì yuàn

沒有煩惱(worries)　沒有憂愁(worries)　唱出我心裡的歌
méi yǒu fán nǎo　méi yǒu yōu chóu　chàng chū wǒ xīn lǐ de gē

告訴我的孩子　每個人都需要　平平靜靜(peaceful and quiet)的生活
gào sù wǒ de hái zi　měi ge rén dōu xū yào　píng píng jìng jìng　de shēng huó

慢慢慢慢慢慢慢長大以後　認識的人越來越多
màn màn màn màn màn màn màn cháng dà yǐ hòu　rèn shi de rén yuè lái yuè duō

慢慢慢慢慢慢慢你會知道　每個人都差不多
màn màn màn màn màn màn màn nǐ huì zhī dào　měi ge rén dōu chā bú duō

慢慢慢慢慢慢慢你會知道　人生就是這麼過
màn màn màn màn màn màn màn nǐ huì zhī dào　rén shēng jiù shì zhè mo guò

182

第九課 Lesson 9　未來職業

1. 寫拼音 Write pin-yin

Example: 工作 → gōng zuò

- 職業 _____
- 警員 _____
- 演員 _____
- 律師 _____
- 醫生 _____

- 運動員 _____
- 工程師 _____
- 興趣 _____
- 商店 _____
- 需要 _____

2. 連連看 Match the correct English meanings

老師 ●   ● officer

職員 ●   ● teacher

或 ●   ● clerk

店員 ●   ● businessperson

商人 ●   ● continuously

一直 ●   ● or

3. 寫寫看說說看 Write the occupation in Chinese and record it in Google voice 925-289-8007 or recap https://app.letsrecap.com/

律師
lyù shī

老師
lǎo shī

農人
nóng rén

演員
yǎn yuán

4. 打字: 我的興趣 Answer the questions below and make a short essay "My interest"

- What is/are your interest(s)?　你的興趣是什麼?
- Why do you like it?　為什麼你喜歡它?
- When do you do that?　你什麼時候做?
- Where do you do that?　你在哪裡做?
- Who do you do with?　和誰一起做?

Example: 我的興趣是看書。我喜歡看書，因為我可以從書上知道很多事。我在睡覺前看書。我會坐在客廳裡看書。我喜歡自己一個人看書。

_____

_____

_____

_____

_____

5. 造句 Use phrases below to complete the 需要 sentences in Chinese

> A. 筷子或湯匙　　B. 坐飛機　　C. 多聽、多說
>
> D. 圖書館和辦公室　　E. 餵牠們吃飯　　F.先洗手

- 從教室到廁所需要經過_____。

- 從美國到台灣需要_____。

- 吃中餐需要 _____。

- 學中文需要 _____。

- 養小動物需要 _____。

- 吃飯前需要_____。

6. 填填看 Fill in the blanks with 一直、或、和

- 你只能拿一本書，你要中文書_____英文書？

- 我____妹妹都喜歡吃中餐。

- 學中文需要 _____練習，才能把中文學好。

- 我們全家要去旅行，爸爸問我們要去 Tahoe____Yosemite。

- 我會用筷子_____刀叉，吃中餐或西餐都沒問題。

7. 讀一讀 Read the article below and answer the questions

　　我的媽媽是老師。她每天從早上七點開車去學校，一直到下午四點才回家。她在學校教英文和中文，她的教室在二樓。她對學生很好，下課的時候常常回答學生的問題，學生都很喜歡她。

　　媽媽的興趣是看書和旅行。週末的時候，她喜歡在客廳裡看書。寒假或暑假的時候，她會帶我們一起去旅行。她也養了一隻貓，貓的名字叫圓圓。她每天都會餵牠吃飯和清理大小便。

　　我喜歡我的媽媽，她每天都很認真工作，也很照顧我們。我希望長大也能當一個老師，能幫助我的學生學習新東西。

(　　　　) 作者(author)的媽媽職業是Ⓐ老師　Ⓑ校長　Ⓒ醫師。

(　　　　) 下面哪一個是對的？
　　　Ⓐ媽媽每天走路去上班。
　　　Ⓑ媽媽的興趣是做飯。
　　　Ⓒ媽媽週末的時候喜歡在客廳看書。

(　　　　) 作者(author)的媽媽養小動物，牠是
　　　Ⓐ一隻狗　Ⓑ兩條魚　Ⓒ一隻貓。

(　　　　) 作者(author)為什麼以後也想當一個老師，因為
　　　Ⓐ喜歡開車去上班　Ⓑ喜歡幫助學生　Ⓒ喜歡養貓。

8. 選擇題 multiple choice

（　　　）小明喜歡吃西餐，用Ⓐ筷子 Ⓑ刀叉 Ⓒ碗 Ⓓ湯匙 吃肉。

（　　　）我喜歡吃中餐，用Ⓐ筷子 Ⓑ刀叉 Ⓒ碗 Ⓓ湯匙 吃飯。

（　　　）今天外公生日，媽媽做很多Ⓐ隻 Ⓑ杯 Ⓒ碗 Ⓓ盤 菜。

（　　　）請你Ⓐ輕輕 Ⓑ重重 Ⓒ下下 把門關上。

（　　　）去餐廳吃飯，要給 Ⓐ學費 Ⓑ小費 Ⓒ大費。

（　　　）她很喜歡演戲，長大以後想要當Ⓐ警員 Ⓑ店員 Ⓒ演員。

（　　　）打球是弟弟的Ⓐ樂趣 Ⓑ興趣 Ⓒ有趣 Ⓓ沒趣 。

（　　　）每一種Ⓐ作業 Ⓑ樹葉 Ⓒ直頁 Ⓓ職業 都很重要。

（　　　）媽媽喜歡去 Ⓐ商店 Ⓑ商人 Ⓒ車站 Ⓓ飛機 買東西。

（　　　）小明喜歡數學，長大以後想當Ⓐ演員 Ⓑ警員 Ⓒ工程師。

（　　　）她只有五塊錢，只能吃一盤飯 Ⓐ或 Ⓑ和 Ⓒ也 一碗麵。

（　　　）外面 Ⓐ需要 Ⓑ一直 Ⓒ 很少 下雨，我不能出去打球。

9 聽力　Choose the correct answer

聽力一

(　　) A. 演員　　B. 警員　　C. 店員　　D. 職員

(　　) A. 演員　　B. 警員　　C. 店員　　D. 職員

(　　) A. 演員　　B. 警員　　C. 店員　　D. 職員

(　　) A. 作業　　B. 樹葉　　C. 職員　　D. 職業

聽力二

(　　) A. 老師　　B. 律師　　C. 廚師　　D. 工程師

(　　) A. 老師　　B. 律師　　C. 廚師　　D. 工程師

(　　) A. 老師　　B. 律師　　C. 廚師　　D. 工程師

(　　) A. 餐廳　　B. 教室　　C. 房間　　D. 商店

聽力三

(　　) A. 樂趣　　B. 有趣　　C. 興趣　　D. 沒趣

(　　) A. 一直　　B. 坐直　　C. 很直　　D. 湯匙

(　　) A. 還要　　B. 需要　　C. 不要　　D. 想要

(　　) A. 和　　　B. 還是　　C. 也是　　D. 或是

10. 打字練習 Answer the questions below and make a PowerPoint for oral presentation. Email to chunling37@hotmail.com .

- 你長大以後的職業? What is your occupation when you grow up?
  nǐ chǎng dà yǐ hòu de zhí yè

  _____

- 為什麼? Why?
  wèi shé mo

  _____

- 你需要(need)什麼能力(skills)? What do **you** need for the work?
  nǐ xū yào   shé mo néng lì

  _____

乾 W4_L9	淨 W4_L9	靜 W4_L9
髒 W4_L9	亂 W4_L9	舒 W4_L9
注 W4_L9	意 W4_L9	思 W4_L9
懂 W4_L9	全 W4_L9	第 W4_L9
舒服 W4_L9	安全 W4_L9	安靜 W4_L9

191

Name:

first hexagram, warming principle of the sun, penetrating and fertilizing, heavenly generative principle (male), dry (s
qián
乾

clean, completely, only, pure, cleanse
jìng
淨

quiet, still, calm, not moving, gentle, motionless
jìng
靜

internal organs, viscera, dirty
zàng
髒

chaos, anarchy, distraction, confusion, rebellion, revolt, disorderly
luàn
亂

to relax, to open up, to unfold, to stretch out, comfortable, easy
shū
舒

to concentrate, to focus, to direct, to annotate
zhù
注

Name:

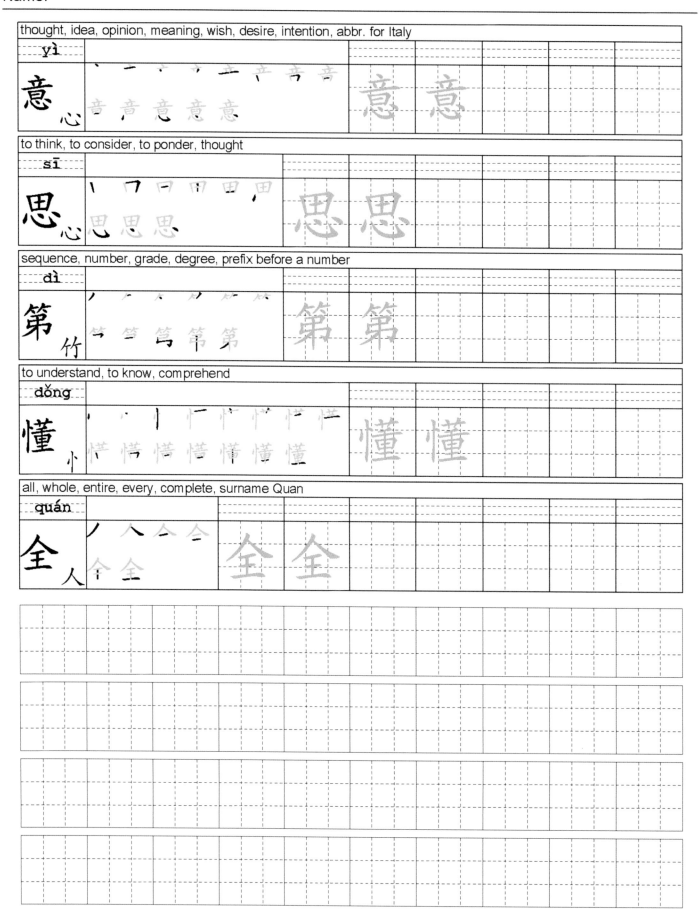

Name:

clean,neat					
qián	jìng				
乾	淨				

comfortable,feeling well					
shū	fu				
舒	服				

quiet,peaceful,calm					
ān	jìng				
安	靜				

dirty and disordered,in a mess					
zàng	luàn				
髒	亂				

to take note of,to pay attention to					
zhù	yì				
注	意				

meaning, idea, wish, appreciation					
yì	sī				
意	思				

Name:

safe,secure,safety,security

ān	quán
安	全

feel sorry,be grieved

nán	guò
難	過

first place; gold medal winner

dì	yī	míng
第	一	名

not to understand,cannot (see, hear, understand, as verb complement),incomprehension

bù	dǒng
不	懂

before, formerly

yǐ	qián
以	前

if only,so long as

zhǐ	yào
只	要

第十課 Lesson 10 我們只有一個地球

朗讀 chant

高山海洋和草原，河流樹木和城市，
gāo shān hǎi yáng hé cǎo yuán　　hé liú shù mù hé chéng shì

乾淨舒服不髒亂，只有大家來注意。
gān jìng shū fú bú zāng luàn　　zhǐ yǒu dà jiā lái zhù yì

生字生詞 Vocabulary

乾淨，舒服，安靜，髒亂，注意，意思，安全

難過，第一名，不懂，以前，只要，只有

Quizlet Practice

https://quizlet.com/203122037/go-400-lesson-9-traditional-simplified-flash-cards/

環境 environment
huán jìng

海洋
hǎi yáng

高山
gāo shān

草原
cǎo yuán

城市
chéng shì

河流
hé liú

安靜
ān jìng

舒服
shū fú

乾淨
gān jìng

髒亂
zāng luàn

句型文法與練習 Grammar Practice

第 + numeral + (measure word)

這是妹妹<u>第一次</u>坐飛機，很緊張。

_____。

（哥哥比賽/第一名/很高興）

_____。

（姐姐回家/第一件事/做功課）

只有…才… Only...just

只有<u>每天練習</u>，<u>中文才會進步</u>。

只有_____，_____才_____。

（大家一起清理/教室/會乾淨）

只有_____，_____才_____。

（星期一到星期五/弟弟/需要去上學）

句型文法與練習 Grammar Practice

只要…就… As long as...

只要<u>大家關心環境</u>，<u>地球（the earth）</u>就<u>會乾淨</u>。

只要＿＿＿＿＿＿＿＿，＿＿＿＿就＿＿＿＿＿＿。

（你用心做功課／成績／會進步）

只要＿＿＿＿＿＿＿＿，＿＿＿＿就＿＿＿＿＿＿。

（每個人都注意安全／馬路上／不會有人受傷）

只要＿＿＿＿＿＿＿＿，＿＿＿＿就＿＿＿＿＿＿。

（你能來參加我的生日會／我／很高興）

對話練習 Conversation Practice

A: 你的房間真乾淨! 你每天清理你的房間嗎?
 nǐ de fáng jiān zhēn gān jìng　nǐ měi tiān qīng lǐ nǐ de fáng jiān ma

B: 是的，我每天睡覺前，都會清理我的房間。
shì de　wǒ měi tiān shùi jué qián　dōu hùi qīng lǐ wǒ de fáng jiān

只有乾淨的房間住起來才舒服。
zhǐ yǒu gān jìng de fáng jiān zhù qǐ lái cái shū fú

A: 這是我第一次開車。我需要注意什麼?
zhè shì wǒ dì yī cì kāi chē　wǒ xū yào zhù yì shé mo

B: 請你注意安全，開車要小心。
qǐng nǐ zhù yì ān quán　kāi chē yào xiǎo xīn

A: 我會注意的。我不會開快車，安全第一。
wǒ hùi zhù yì de　wǒ bú hùi kāi kuài chē　ān quán dì yī

A: 這個地方又髒又亂，我們趕快來清理吧!
zhè ge dì fāng yòu zāng yòu luàn　wǒ men gǎn kuài lái qīng lǐ ba

B: 好，只要大家一起幫忙，一定很快就清理乾淨的!
hǎo　zhǐ yào dà jiā yī qǐ bāng máng　yī dìng hěn kuài jìu qīng lǐ gān jìng de

對話練習 Conversation Practice

A: 好吵!弟弟，我在寫功課，需要安靜。
hǎo chǎo dì dì　wǒ zài xiě gōng kè　xū yào ān jìng

你可以讓電視小聲一點嗎?
nǐ kě yǐ ràng diàn shì xiǎo shēng yī diǎn ma

B: 對不起，我會小聲一點。
dùi bú qǐ　wǒ hùi xiǎo shēng yī diǎn

A: 這個字是什麼意思 ?
zhè ge zì shì shé mo yì sī

B: 這個字是髒，就是 dirty 的意思。
zhè ge zì shì zāng　jiù shì　　de yì sī

Q: 我們怎麼樣可以讓大地乾淨?
wǒ men zěn mo yàng kě yǐ ràng dà dì gān jìng

A: ＿＿＿＿＿＿＿＿＿＿＿＿＿＿＿＿＿＿＿＿。

: ＿＿＿＿＿＿＿＿＿＿＿＿＿＿＿＿＿＿＿＿。

: ＿＿＿＿＿＿＿＿＿＿＿＿＿＿＿＿＿＿＿＿。

第十課 Lesson 10 　我們只有一個地球

1. 寫拼音 Write pin-yin

Example: 地球 → dì qiú

- 乾淨 _____
- 舒服 _____
- 安靜 _____
- 髒亂 _____
- 難過 _____

- 注意 _____
- 意思 _____
- 安全 _____
- 不懂 _____
- 第一名 _____

2. 寫中文 Write the missing Chinese characters

安 [　] quiet
jìng

安 [　] safe
quán

乾 [　] clean
jìng

清 [　] to clean
lǐ

[　] [　] comfortable
shū fú

[　] 的衣服 dirty clothes
zāng

很 [　] very messy
luàn

[　] 過 uncomfortable
nán

不 [　] don't understand
dǒng

注 [　] pay attention
yì

[　] [　] meaning
yì sī

3. 寫寫看說說看 Write the phrases in Chinese and record it in Google voice 925-289-8007 or recap https://app.letsrecap.com/

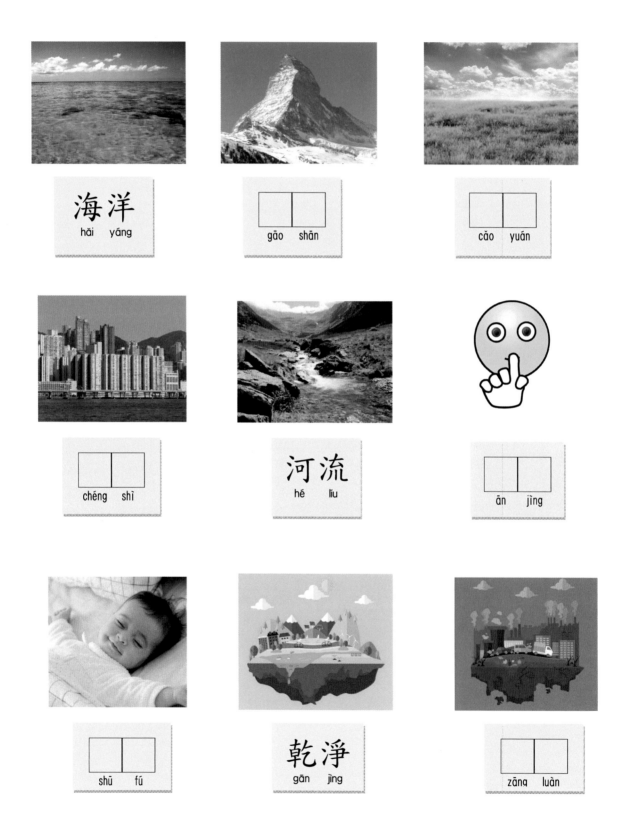

海洋
hǎi yáng

gāo shān

cǎo yuán

chéng shì

河流
hé liú

ān jìng

shū fú

乾淨
gān jìng

zāng luàn

4. 打字： 我們怎麼樣讓地球乾淨？ How do we make the earth clean?
Please type three answers in Chinese to answer the question.

Example： 我們可以不亂丟東西。
wǒ men kě yǐ bú luàn diu dōng xī

我們可以多走路，少開車。
wǒ men kě yǐ duō zǒu lù   shǎo kāi chē

我們帶狗去散步的時候，可以清理牠的大小便。
wǒ men dài gǒu qù sàn bù de shí hòu   kě yǐ qīng lǐ tā de dà xiǎo biàn

買東西的時候，我們可以自己帶袋子(bag)。
mǎi dōng xī de shí hòu   wǒ men kě yǐ zì jǐ dài dài zi

_____

_____

_____

_____

_____

_____

5. 翻譯 Use "只要…，就…."或"只有…..，才….."to translate the English
   sentences in Chinese

   - As long as you do your homework diligently, your grades will get
     progress.

     _____。

   - Only Monday to Friday little brother needs to go to school.

     _____。

   - As long as you can come to my birthday party, I will be very happy.

     _____。

   - Your Chinese will get progress only you practice every day.

     _____。

6. 填填看 Fill in the blanks with 安靜，安全，乾淨，舒服，髒亂

   很多人喜歡這個公園。這個公園很_____，沒有人大聲吵

   鬧。這個公園也很_____不 _____，每天都有人清理，

   在裡面散步很_____。爸爸媽媽也喜歡帶小孩來這個公

   園，因為這個公園很_____，不會有陌生人(stranger)跑進來。
   　　　　　　　　　　　　　　　　　 mò shēng rén

7. 讀一讀 Read the dialogue below and circle the correct answers.

(   ) 我們要怎麼樣愛護地球?

    Ⓐ讓小狗在公園大小便。

    Ⓑ多開車,少走路。

    Ⓒ搭公車去買東西。

    Ⓓ每天洗澡洗三十分鐘。

(   ) 下面哪一個是對的?

    Ⓐ棒球比賽我們得了第一名,大家很難過。

    Ⓑ我的房間很乾淨,住起來很舒服。

    Ⓒ弟弟的房間很髒亂,住起來很舒服。

(   ) "小心開車,注意安全"是什麼意思?

    Ⓐ Drive carefully. Pay attention to safety.

    Ⓑ Drive a small car safely.

    Ⓒ It's a good idea to drive。

    Ⓓ Open a car safely.

(   ) A:你的房間真乾淨!

    B: 謝謝,因為   Ⓐ 我每天清理小狗的大小便。

                      Ⓑ 我每天清理我的房間。

                      Ⓒ 我每天晚上都洗澡。

8. 選擇題 multiple choice

（　　　）打球是弟弟的Ⓐ樂趣 Ⓑ興趣 Ⓒ有趣 Ⓓ沒趣 。

（　　　）每一種Ⓐ作業 Ⓑ樹葉 Ⓒ直頁 Ⓓ職業 都很重要。

（　　　）媽媽喜歡去 Ⓐ商店 Ⓑ商人 Ⓒ車站 Ⓓ飛機 買東西。

（　　　）小明喜歡數學，長大以後想當Ⓐ演員 Ⓑ警員 Ⓒ工程師。

（　　　）外面 Ⓐ需要 Ⓑ一直 Ⓒ 很少 下雨，我不能出去打球。

（　　　）你知道這個字是什麼 Ⓐ意思 Ⓑ大意 Ⓒ 注意 嗎?

（　　　）你家廚房真 Ⓐ安全 Ⓑ健康 Ⓒ乾淨，你媽媽每天清理嗎?

（　　　）大家亂丟東西，學校會變得很Ⓐ乾淨 Ⓑ髒亂 Ⓒ舒服。

（　　　）開車要注意 Ⓐ安全 Ⓑ安靜 Ⓒ早安。

（　　　）你說的我聽 Ⓐ不要 Ⓑ懂不懂 Ⓒ不懂，可以再說一次嗎?

（　　　）這是我Ⓐ第一次 Ⓑ弟弟 Ⓒ前一次 自己搭地鐵，很緊張。

（　　　）警員辛苦工作，保護我們的 Ⓐ安全 Ⓑ健康 Ⓒ興趣。

9 聽力 Choose the correct answer

聽力一

(   ) A. 安靜   B. 安全   C. 乾淨   D. 經過

(   ) A. 安靜   B. 安全   C. 乾淨   D. 經過

(   ) A. 安靜   B. 安全   C. 乾淨   D. 經過

(   ) A. 舒服   B. 衣服   C. 書包   D. 不服

聽力二

(   ) A. 很亂   B. 不亂   C. 乾淨   D. 髒亂

(   ) A. 張   B. 叉   C. 髒   D. 唱

(   ) A. 主意   B. 注意   C. 大意   D. 心意

(   ) A. 意思   B. 心思   C. 大意   D. 心意

聽力三

(   ) A. 東   B. 第   C. 懂   D. 同

(   ) A. 第一   B. 弟弟   C. 地上   D. 地下

(   ) A. 只有   B. 只要   C. 只好   D. 只是

(   ) A. 只是   B. 只要   C. 只好   D. 只有

10. 打字練習 Answer the questions below and make a PowerPoint for oral presentation (6 slides at least). Email to chunling37@hotmail.com.

- Is our Earth in peril? Show some evidence (2 slides)

- What can we do to save the Earth? （ 4 slides)

- Phrases you should know:

汙染 pollution 危險 danger 保護 protect 回收 recycle
wū rǎn　　　　　　wēi xiǎn　　　　　bǎo hù　　　　　　huí shōu

氣候變化 climate change
qì hòu biàn huà